TSEDAL NEELEY

A REVOLUÇÃO do TRABALHO REMOTO

Um guia para o sucesso de equipes que trabalham de qualquer lugar

Tradução
Sandra Martha Dolinsky

Benvirá

Copyright © 2021 by Tsedal Neeley

Título original: *Remote work revolution: succeeding from anywhere*

All rights reserved including the rights of reproduction in whole or in part in any form.

Todos os direitos reservados, incluindo os direitos de reprodução no todo ou em parte em qualquer forma.

Direção executiva Flávia Alves Bravin

Direção editorial Renata Pascual Müller

Gerência editorial Fernando Penteado

Edição Neto Bach

Produção Daniela Nogueira Secondo

Preparação Alyne Azuma

Tradução Sandra Martha Dolinsky

Revisão Rita Sorrocha

Diagramação LGB Publicações

Capa Deborah Mattos

Ilustração de capa Deborah Mattos

Impressão e acabamento Gráfica Eskenazi

Dados Internacionais de Catalogação na Publicação (CIP)
Vagner Rodolfo da Silva - CRB-8/9410

N379r   Neeley, Tsedal

A revolução do trabalho remoto: um guia para o sucesso de equipes que trabalham de qualquer lugar / Tsedal Neeley ; trad. Sandra Martha Dolinsky - São Paulo : Benvirá, 2021.

256 p.

Tradução de: Remote Work Revolution: Succeeding from Anywhere

ISBN 978-65-5810-076-8 (impresso)

1. Home office. 2. Desenvolvimento profissional. 3. Carreira. 4. Liderança. 5. Produtividade. I. Dolinsky, Sandra Martha. II. Título.

	CDD 650.14
2021-1251	CDU 658.011.4

Índices para catálogo sistemático:
1. Administração : Carreira   650.14
2. Administração : Carreira   658.011.4

1ª edição, maio de 2021

Nenhuma parte desta publicação poderá ser reproduzida por qualquer meio ou forma sem a prévia autorização da Saraiva Educação. A violação dos direitos autorais é crime estabelecido na Lei n. 9.610/98 e punido pelo art. 184 do Código Penal.

Todos os direitos reservados à Benvirá, um selo da Saraiva Educação.

Av. Paulista, 901, 3º andar

Bela Vista - São Paulo - SP - CEP: 01311-100

SAC: sac.sets@saraivaeducacao.com.br

CÓDIGO DA OBRA 705111   CL 670994   CAE 771965

Para Lawrence, Gabe e Daniel: que seus mundos sempre sejam sem fronteiras.

Sumário

Agradecimentos 7

Sobre a autora 11

Introdução 13

Capítulo 1 — Como podemos (re)avaliar para prosperar no trabalho remoto? 21

Alinhando-se com os objetivos compartilhados 27

Contribuições e restrições 29

Reconhecendo recursos 30

Estabelecendo normas de interação juntos 32

Os líderes precisam demonstrar seu (re)compromisso 38

Capítulo 2 — Como posso confiar em colegas que quase não vejo pessoalmente? 43

Confiança não é igualmente distribuída 45

A curva de confiança 48

Confiando na cabeça e no coração 49

Confiança cognitiva aceitável 52

Confiança cognitiva rápida 53

Conhecimento que promove confiança 55

Confiança emocional 60

Construindo a confiança com clientes a distância 62

Capítulo 3 — Minha equipe pode mesmo ser produtiva remotamente? 69

Vigilância para produtividade 71

Avaliação da produtividade da equipe 74

O trabalho remoto aumenta a produtividade 77

Trabalhadores remotos precisam de autonomia 84

As condições de trabalho devem ser favoráveis 86

Equipes precisam de coesão 89

Quando o trabalho remoto fracassa 92

Capítulo 4 — Como devo usar ferramentas digitais no trabalho remoto? 95

Exaustão por tecnologia 98
O problema do conhecimento mútuo 100
O problema da presença social 103
De mídia mais pobre a mais rica 105
Comunicação redundante 111
Suportes às diferenças culturais 115
Ponha as ferramentas sociais para trabalhar 117

Capítulo 5 — Como minha equipe ágil pode operar remotamente? 125

Design de equipes ágeis 128
Além do software 130
Equipes ágeis de transformação digital da Unilever 134
Facilitando a transição para o trabalho remoto 143
Melhores práticas para equipes ágeis remotas 144

Capítulo 6 — Como minha equipe global pode ter sucesso mesmo com as diferenças?.. 155

Vinte e sete países, dezoito idiomas e uma equipe problemática 158
Perto, porém longe – estranhos 162
Reduzindo a distância psicológica 164
Linguagem como força unificadora 165
Dois anos depois: a equipe global de Khan 167
Conversas inclusivas em reuniões de equipes globais 170
Adaptação mútua transcultural 174
Aprendizagem mútua 174
Ensino mútuo 175

Capítulo 7 — O que preciso saber sobre liderança virtual? 181

Definição de liderança de trabalho remoto 183
Desafio da localização 186
O desafio da divisão de classe 188
O desafio "nós contra eles" 189
O desafio da previsibilidade 195
O desafio do feedback de desempenho 196
O desafio do engajamento 197

Capítulo 8 — Como preparo minha equipe para crises globais? 205

VICA: como vivemos agora 208
Desenvolva consciência panorâmica 211
Lidando com o efeito do país de origem 213
Enquadre a situação 216
Gere soluções com mentes diversificadas 220
Aja! 225
Epílogo: Molinas no México durante a covid-19 227

Guia de ação 233

Notas 245

AGRADECIMENTOS

Tenho sorte por meu trabalho sempre ter se beneficiado das contribuições de uma comunidade grande e diversificada. Vinte anos atrás, eu tinha certeza de que a tecnologia teria um impacto profundo na natureza do trabalho. Essa crença me levou a fazer meu doutorado no departamento de Engenharia e Ciência da Administração da Universidade de Stanford, com um grupo incrível cujo foco era examinar a interseção entre trabalho, tecnologia e organizações. Serei eternamente grata a Steve Barley, Bob Sutton, Pam Hinds e Diane Bailey por estabelecer as bases para que uma geração de acadêmicos como eu possa examinar como a tecnologia digital poderia facilitar o trabalho além das fronteiras.

Embora o trabalho remoto e global esteja aumentando há décadas, nunca imaginei que uma pandemia forçaria sua proliferação a este ponto e a tal velocidade. A escala e o escopo do trabalho remoto no mundo todo tornaram crucial que incontáveis funcionários e gestores colaborem além das fronteiras. Ao longo dos anos, fui abençoada com muitos parceiros intelectuais que influenciaram o desenvolvimento dos conceitos, das estruturas e das melhores práticas para esta obra. Devo um agradecimento especial a Amy Bernstein, Robin Ely, Frances Frei, Bill George, Linda Hill, Karim Lakhani, Paul Leonardi, Jay Lorsch, Nitin Nohria, Jeff Polzer, Lakshmi Ramarajan e Kyle Yee, que me deram informações preciosas ao longo do caminho. Também estendo meus agradecimentos especiais a John Paul Hagan, Karen Propp, JT Keller e Patrick Sanguineti, que fizeram contribuições enormes com a pesquisa e o desenvolvimento deste livro. Também sou muito grata à Harvard Business School, por generosamente fornecer recursos significativos para produzi-lo.

Sempre me beneficiei de pais cuja sabedoria só pode ser comparada com seu apoio incondicional. Sou grata por seus insights e incentivos. Palavras não são adequadas para expressar minha gratidão a meu marido, Lawrence. Eu não poderia ter pedido um companheiro afetivo e intelectual melhor. Sua extraordinária mente analítica junto com seu bom coração garantem meu equilíbrio de pensamento. Não há ninguém no mundo com quem eu prefira ficar isolada enquanto escrevo sobre trabalho remoto remotamente.

Sou grata à minha editora na HarperCollins, Hollis Heimbouch, que compreendeu a substância e o espírito deste conteúdo de imediato, e a Julia Eagleton, minha agente, que me incentivou a escrever este livro na hora certa.

Por fim, eu gostaria de falar para as milhares de pessoas que compartilharam experiências, insights, ansiedades, esperanças e preocupações sobre o trabalho virtual ou global por quase duas décadas. A única maneira de compreender os fenômenos deste livro é por meio das experiências vividas por aqueles que estão nas trincheiras. Agradeço às muitas pessoas que me confiaram suas histórias. Minha esperança mais profunda é que esta obra faça jus às contribuições generosas dessas pessoas e ajude todos os envolvidos no trabalho remoto a ter sucesso de qualquer lugar.

SOBRE A AUTORA

Tsedal Neeley é a professora da cadeira Naylor Fitzhugh de Administração de Empresas da Harvard Business School. Seu trabalho tem como foco como os líderes podem expandir suas organizações desenvolvendo e implementando estratégias globais e digitais. Ela regularmente oferece assessoria a empresas sobre trabalho virtual e mudanças em grande escala, envolvendo expansão global, transformação digital e agilidade. Neeley é membro atual dos conselhos da Brightcove, Brown Capital Management, Harvard Business Publishing e Partnership, Inc. Também é membro do conselho consultivo da Rakuten.

Seu premiado livro, *The Language of Global Success: How a Common Tongue Transforms Multinational Organizations*, narra o processo de globalização nos bastidores de uma empresa durante cinco anos. Ela também contribuiu de modo extenso com publicações nos principais veículos acadêmicos, e seu trabalho foi amplamente coberto pela mídia. Seu case na HBS, *Managing a Global Team: Greg James at Sun Microsystems*, é um dos mais usados sobre trabalho virtual em todo o mundo.

Palestrante requisitada com vasta experiência internacional, Neeley recebeu o prestigioso prêmio Charles M. Williams por Ensino de Excelência, e o Prêmio Greenhill por contribuições notáveis para a HBS. Neeley foi nomeada para a lista *On Radar* Thinkers50 2018 por fazer contribuições duradouras para a gestão empresarial, e foi homenageada como *"Stanford Distinguished Alumnus Scholar"*. Ela obteve seu PhD da Universidade de Stanford em Ciência da Administração e Engenharia, com especialização em trabalho, tecnologia e organizações.

Introdução

Nas primeiras semanas de 2020, um agente microscópico transformou a população ativa do mundo todo em uma força de trabalho remota, aparentemente, da noite para o dia. Com o surgimento da covid-19, funcionários da China ao Catar, da Índia à Austrália, do Brasil à Nigéria, encaixotaram o escritório e montaram novos espaços de trabalho em casa. Ferramentas digitais como Zoom, Microsoft Teams, Google Chat e Slack passaram de suplementos úteis a facilitadores primários para interações diárias com colegas de trabalho.

Essas mudanças rápidas não têm precedentes, mas o formato não é novo. As empresas nacionais e globais têm feito acordos de trabalho virtual há quase trinta anos. Previsivelmente, as empresas de tecnologia foram as primeiras a enxergar as oportunidades que o trabalho remoto oferece. A conhecida empresa de tecnologia Cisco lançou um dos primeiros programas de trabalho remoto sistemático no Vale do Silício em 1993. Os funcionários trabalhavam em casa ou mantinham horários flexíveis usando a tecnologia de banda larga para se comunicar com o escritório principal de qualquer local remoto.

A Cisco relatou uma economia de 195 milhões de dólares em 2003, bem como um aumento na produtividade dos funcionários, ambos atribuídos, pelo menos em parte, a seus acordos de trabalho remoto. Também, no fim da década de 1990, a Sun Microsystems, ainda emergindo de seu status de startup, instituiu um programa de trabalho virtual voluntário para 35% de seus funcionários como parte de uma estratégia de expansão global. Em dez anos, a Sun economizou meio bilhão de dólares ao reduzir 15% de seus imóveis (cerca de 800 mil metros quadrados) na Califórnia, ao mesmo tempo que adotou equipes geograficamente dispersas para estar mais perto de seus mercados.

Desde então, as equipes globais – e, portanto, a necessidade de trabalhar remotamente – continuaram a crescer em um ritmo surpreendente. O que começou como uma prática radical de empresas de tecnologia tornou-se uma necessidade em quase todos os setores. Entre 2000 e 2015, as empresas multinacionais dos EUA, sozinhas, contrataram 4,3 milhões de funcionários no mercado nacional, contra 6,2 milhões de funcionários no exterior – isso significa milhões de pessoas que precisam de tecnologia digital para se comunicar com os Estados Unidos, sem mencionar os milhões de funcionários locais que trabalham virtualmente de casa a uma distância de poucos quilômetros. O McKinsey Global Institute prevê que a força de trabalho global chegará a 3,5 bilhões de pessoas até 2030. Cada vez mais, o trabalho remoto chegou para ficar. O futuro está no trabalho remoto.

No entanto, nenhuma dessas tendências ou previsões deu conta de uma pandemia global que exigiria a migração generalizada de empresas praticamente inteiras para o trabalho remoto em questão de semanas. A revolução do trabalho remoto, que estava por vir, foi acelerada pelo surto repentino e grave de coronavírus. Provavelmente, você faz parte da transição em massa que forçou as empresas a avançar com rapidez em sua pegada digital, incluindo nuvem, armazenamento, segurança cibernética e uso de dispositivos e ferramentas para acomodar sua nova força de trabalho virtual. Essas mudanças abriram um novo escopo de oportunidades incalculáveis para pessoas e organizações em todo o mundo.

Agora que as empresas vislumbraram as oportunidades que o trabalho remoto pode proporcionar, uma parte manterá de modo permanente alguns dias remotos nas rotinas de longo prazo. Em uma pesquisa realizada em abril de 2020 pelo grupo Gartner, 74% de 317 empresas relataram planos de adotar indefinidamente mais trabalho remoto pós-covid-19. O Facebook, adotando uma abordagem gradual, espera fazer a transição de até metade de sua força de trabalho para o home office em dez anos. A CDLP, uma empresa de design de moda com sede em Estocolmo, planeja se reestruturar para estabelecer 50% dos trabalhadores remotos no mundo todo. O JPMorgan Chase, que viu seus operadores triplicarem a produtividade trabalhando em casa, anunciou que está considerando uma força de trabalho permanentemente remota, enquanto a UBS já espera que até um terço de seus funcionários trabalhem remotamente de forma definitiva. O Groupe PSA, segundo maior fabricante de automóveis da Europa, anunciou uma "nova era de agilidade", na qual sua equipe de não produção passará para o trabalho remoto. A empresa de internet Box espera que mais de 15% de sua força de trabalho trabalhe remotamente em tempo integral após a pandemia. Da mesma forma, a Coinbase, uma bolsa de criptomoedas, declarou que se tornará uma empresa "fundamentalmente remota", estimando que de 20% a 60% da empresa manterá esse formato de trabalho depois que as restrições forem suspensas, e um aumento gradual. A Nielsen Research, em Nova York, terá seus 3 mil funcionários trabalhando de casa a maior parte da semana. A Nationwide Insurance, não observando nenhuma perda no desempenho do funcionário e, ao mesmo tempo, evitando custos operacionais durante o *lockdown*, fará a transição de funcionários em dezesseis de seus vinte escritórios para o trabalho remoto. A Tata Consultancy Services anunciou que planeja ter cerca de 75% de seu quadro de funcionários operando remotamente até 2025. Outras multinacionais indianas também seguiram o exemplo – a Infosys e a HCL Technologies esperam que de 35% a 50% e metade de seus funcionários, respectivamente, trabalhem de forma remota após a pandemia. E a lista continua.

Em vez de fazer planos para incorporar o trabalho remoto temporário ou de meio período, o Twitter e a Square, ambos chefiados pelo CEO Jack Dorsey, tomaram a decisão ousada de dar à sua força de trabalho a opção de trabalhar em casa "para sempre". Outras empresas, como Slack e Shopify, também responderam ao chamado, anunciando que aumentariam os acordos de trabalho remoto indefinido para a maioria dos funcionários. Uma emergente, a Culdesac, deu um passo adiante e declarou que estava trocando seu escritório em São Francisco por um formato de trabalho totalmente remoto, com a esperança de gerar oportunidades para criar uma nova cultura "sem-teto". E outras estão prestes a seguir esse modelo.

Como você deve ter descoberto, não há dúvida de que o trabalho remoto traz benefícios. Os tempos de deslocamento desaparecem. Os custos operacionais são reduzidos. Orçamentos de viagens inchados não são mais imperativos. Contratar e manter funcionários sem pedir que se mudem de país ou cidade torna-se concebível, o que elimina as barreiras globais. Os custos imobiliários astronômicos que existem em alguns locais têm o potencial de ser reduzidos de maneira significativa, uma solução bem-vinda em uma crise econômica. Problemas sociais, como lacunas de pobreza entre as áreas rurais e metropolitanas, terão a oportunidade de se fechar e, ao mesmo tempo, criar uma reserva de mão de obra inexplorada para as empresas. As disparidades de gênero podem diminuir à medida que as organizações repensam suas capacidades remotas para a licença-maternidade. As emissões de gases podem diminuir, tendo um impacto mensurável na sustentabilidade ambiental.

Porém, para trabalhadores e líderes em todo o mundo, o modelo remoto não treinado não é uma panaceia. Na verdade, você pode ter vivenciado alguns ou todos os desafios inerentes aos arranjos virtuais. Você não é o único a se sentir isolado, dessintonizado e esquecido. Quanto mais tempo passamos sem contato pessoal regular com os colegas de trabalho, mais persistentes e urgentes se tornam questões sobre vínculo, confiança e alinhamento. Se sua equipe acha que as videoconferências levam à exaustão tecnológica, aumentam as perguntas sobre como escolher as melhores ferramentas digitais para se comunicar. Ou você pode ser um dos muitos para quem a prioridade é aprender a estruturar melhor as tarefas para otimizar o tempo e evitar distrações em casa. As equipes ágeis precisam transferir

Introdução

processos de trabalho firmemente coordenados, que dependem de uma proximidade geográfica, para um ambiente distribuído. Como os líderes vão manter os funcionários motivados e a produtividade consistente enquanto monitoram o progresso a distância é uma fonte de preocupação. Como o trabalho em equipes globais, por definição, abrange muitas geografias e culturas, abundam as perguntas sobre como garantir que os trabalhadores remotos se envolvam e colaborem de maneira efetiva além das fronteiras. E, acima de tudo, a covid-19 reforçou o fato de que toda liderança é global, exatamente por causa da natureza interconectada do mundo; assim, a pesquisa sobre a preparação para, ou resposta rápida a, eventos globais é parte de uma revolução do trabalho remoto.

A revolução do trabalho remoto fornece respostas, baseadas em evidências, a essas preocupações urgentes, bem como orientação prática sobre como você pode, junto com os membros de sua equipe, internalizar e aplicar as melhores práticas que mais importam. As equipes e líderes que usarem este livro terão o conhecimento cumulativo e as habilidades necessárias para romper as normas de rotina e incorporar comportamentos duradouros que beneficiem a si mesmos, a seus grupos e a suas organizações como um todo. O livro usa uma riqueza de histórias cheias de vida para explicar os problemas que surgem no trabalho remoto, que a maioria das equipes e líderes deve enfrentar para chegar aos níveis mais altos de suas organizações. Cada capítulo se baseia no trabalho de grandes especialistas em psicologia, sociologia e tecnologia, campos que são cruciais para o sucesso do trabalho remoto.

Estou profundamente envolvida nas questões do trabalho remoto e de organizações globais há quase duas décadas. Como professora da Harvard Business School, e antes disso, durante minha pós-graduação na Universidade de Stanford, pesquisei, lecionei, dei consultoria, atuei em conselhos consultivos e escrevi estudos de caso sobre milhares de organizações distribuídas e globais em empresas sediadas em lugares como França, Alemanha, Japão e Estados Unidos, bem como em subsidiárias localizadas na Austrália, Brasil, Chile, China, França, Alemanha, Índia, Indonésia, Itália, Japão, Coreia, México, Rússia, Cingapura, Espanha, Taiwan, Tailândia, Reino Unido e Estados Unidos. Em meu trabalho, descobri que apenas oferecer respostas a perguntas nunca é suficiente. Livros e artigos sobre trabalho remoto são abundantes, mas as perguntas nunca cessam. Apenas fornecer informações ou respostas sobre o assunto também não ajuda as ideias-chave a se manter nem os comportamentos a mudar definitivamente. Quando as pessoas voltam às suas demandas diárias, voltam com facilidade às velhas rotinas, ficam frustradas e se perguntam por que suas equipes não são totalmente coerentes.

É por isso que, tanto no conteúdo quanto na estrutura, este livro foi pensado para envolver diretamente os membros e líderes de equipes remotas em práticas que os ajudarão a se conectar e crescer juntos. Por meio de meu trabalho de consultoria e assessoria, aprendi que a melhor maneira de internalizar os valores, normas e comportamentos para o sucesso duradouro em equipes distribuídas é fornecer conteúdo comum que se sincronize com naturalidade com as rotinas de trabalho. Idealmente, os gerentes fornecerão o conteúdo-chave abordado neste livro para garantir que o foco dos membros da equipe esteja em fatores de sucesso para o trabalho remoto. À medida que os conhecimentos se acumularem, você e os membros da equipe expandirão sua capacidade de trabalho em equipe virtual, e ajudarão a entregar resultados que antes estavam fora de alcance. Analisar partes, ou todo o livro, juntos pode fornecer um vocabulário comum e um conjunto de práticas que todos os membros empreguem.

Para incorporar com eficácia os novos conhecimentos deste livro, *A revolução do trabalho remoto* inclui um guia de ação com atividades breves e variadas para cada capítulo no fim do livro. Assim como ir à academia exercita o corpo, as atividades exercitam a memória, ao mesmo tempo que aumentam a união. A cada exercício, você e os membros de sua equipe aplicam as informações para que possam começar a se enraizar na mente de cada um, em vez de desaparecer após uma lida inicial. As atividades são desenvolvidas para pedir aos leitores que relembrem, descrevam, analisem e apliquem as melhores práticas em um processo de vários estágios.

A migração cataclísmica e mundial para o trabalho remoto que a covid-19 gerou pode ter sido concluída com rapidez, mas este livro estava, na verdade, em andamento. As percepções e orientações acumuladas não foram publicadas às pressas nem são uma solução temporária. Os comportamentos e as práticas recomendadas sobre confiança, produtividade, ferramentas digitais, liderança e sucesso levaram anos para ser desenvolvidos. Se adotar alguns deles parece desafiador de início, saiba que você e seus colegas de trabalho estarão estabelecendo uma base essencial e duradoura. Não vamos continuar sendo um mundo 100% remoto. Em vez disso, veremos os trabalhos virtual, distribuído e global se tornarem partes significativas dos arranjos profissionais que expandem nosso repertório, nossas habilidades e nosso desempenho, prometendo tornar a nós e às nossas organizações muito melhores.

Capítulo 1

Como podemos (re)avaliar para prosperar no trabalho remoto?[1]

James afundou na cadeira de seu escritório em casa enquanto ouvia o cliente pelo fone de ouvido. "Você destruiu o futuro dos meus filhos", disse Cliff, com a voz cheia tanto de decepção quanto de raiva. "Economizei por anos para isso. Como pôde deixar isso acontecer? Eu confiei em você e fiz tudo certo."

James não tinha nada a dizer. Ele trabalhava para uma das imobiliárias residenciais de crescimento mais rápido dos Estados Unidos e sabia que Cliff estava certo. E tinha certeza de que poderia ajudar o cliente e a família dele a realizar o sonho de ter uma casa própria,

---

[1] Nota do editor: no original em inglês a autora utiliza os termos *launch* e *relaunch*, que na tradução literal seria "lançamento" ou "relançamento", para se referir a reuniões/sessões de avaliação ou reavaliação de equipes. Como esses termos não são utilizados com esse sentido no Brasil e para não confundir com outros trechos do livro que falam sobre lançamento de produtos, plataformas etc., optamos por adaptar a tradução.

mas agora, ao perceber que havia traído a confiança de Cliff, ficara paralisado, cheio de remorso e culpa. "Sinto muito", foi tudo o que ele conseguiu dizer. "Sinto muito mesmo."

Cliff, um cliente exemplar que comprou sua primeira casa, era o tipo de pessoa que fazia James amar seu trabalho. Mas seu pedido de desculpas não poderia compensar o erro cometido por sua equipe. Quando a ligação terminou, James afundou na cadeira e tentou descobrir o que havia dado errado. Ele se lembrou de sua primeira conversa dos dois por telefone. Cliff disse que passou toda sua carreira se esforçando para economizar sua renda suada, mesmo que isso significasse renunciar às férias. Nas semanas que se seguiram, James ficou impressionado com o olhar atento que Cliff manteve no caro e competitivo mercado imobiliário da Califórnia, e com o foco e a determinação com que buscava a casa certa – com espaço suficiente para a esposa e os três filhos, e em um bairro com boas escolas. Ele preenchia os formulários de inscrição e verificação assim que apareciam. Como Cliff ficou entusiasmado quando James lhe deu a notícia de que conseguira o empréstimo imobiliário! Ele não era um daqueles clientes reclamões que James conhecia muito bem. Mesmo quando o processo de empréstimo se tornou mais lento do que o prometido, ele foi paciente. James ficou feliz por poder tranquilizá-lo. "Sua taxa de juros está bloqueada. Vamos em frente. Tudo parece ótimo. Ligo para você na semana que vem para agendar a assinatura."

"Estou tão animado!", disse Cliff. "Quase consigo sentir as chaves em minha mão."

O mercado imobiliário é uma área volátil. Depois daquele telefonema, tudo mudou para James e a equipe remota em que ele confiava para atender ao pedido de empréstimo de Cliff. Uma mudança nas taxas de juros disparou um volume repentino de empréstimos enquanto as pessoas corriam para capitalizar os negócios disponíveis. James e sua equipe foram inundados com um número cada vez maior de interessados. Infelizmente, eles foram reativos a esse movimento repentino.

Uma semana se passou, depois duas. Cliff ligou de novo, querendo saber como as coisas estavam indo. "Toda a equipe está trabalhando duro para financiar o empréstimo e agendar a assinatura", respondeu James. Ele tentou parecer reconfortante. "Mando uma mensagem assim que finalizarmos a papelada internamente." Ele não comentou com Cliff quanto tempo havia se passado desde que falara com o membro da equipe que cuidava dos pontos mais delicados desse empréstimo, nem como todos eles estavam ocupados.

E então veio uma nova ligação. O coração de James ficou apertado. Cliff disse a ele que sua renda caíra inesperadamente. Para evitar demissões, sua empresa decidira impor uma redução salarial de 25% para todos em seu nível hierárquico. A voz de Cliff tremia de raiva. "Não preciso dizer que não vou mais ganhar o suficiente para me qualificar para o empréstimo, mesmo com meu excelente histórico de crédito. Na semana passada, eu ainda teria conseguido! Se você não tivesse demorado tanto, eu estaria com as chaves na mão agora!"

James queria culpar a volatilidade do negócio imobiliário pela oportunidade que Cliff perdera. Mas a verdade, ele sabia, era que volatilidade era o que sua equipe remota não estava preparada para administrar, o que tornou o processo tão lento que acabou

Capítulo 1

23

falhando com um cliente. Se ao menos eles estivessem afinados... se ao menos tivessem tido tempo para fazer uma reunião para traçar um plano coordenado e atender ao interesse crescente dos clientes... Meio dia gasto na revisão e reorganização dos processos de trabalho já teria feito a diferença. Se ao menos tivessem realizado uma sessão de reavaliação...

Uma sessão de reavaliação (ou acompanhamento periódico), que estabelece para o grupo um plano claro para atender às demandas em mãos, é *crucial* no trabalho remoto. Justamente porque os trabalhadores virtuais costumam estar distribuídos em muitas localizações geográficas diferentes, o trabalho requer um planejamento explícito. Como James e sua equipe, aqueles que não estão se vendo podem perder a sincronia até mesmo ao menor solavanco no caminho.

Fazer sessões de reavaliação pode parecer um contrassenso. Com uma agenda de trabalho sobrecarregada, com os prazos voando por todos os cantos, o conceito de falar *sobre* o trabalho em equipe, em vez de realmente fazê-lo, pode parecer uma extravagância. Como James, muitos de nós respondem aos limites de nosso tempo acelerando o ritmo, sem a menor pausa para reflexão. Mas esse pensamento não poderia estar mais equivocado. Em suas décadas de pesquisa, J. Richard Hackman (sobre quem falarei de modo aprofundado mais adiante neste livro), especialista pioneiro em trabalho em equipe eficaz, determinou que o trabalho colaborativo real do dia a dia **é** apenas a ponta do iceberg – 10%, para ser exata. Com o que ele chamou de *regra 60–30–10,* Hackman concluiu que 60% do sucesso da equipe dependem do *pré-trabalho,* ou da maneira como a equipe é pensada; 30% dependem da avaliação inicial; e apenas 10%

depende do que acontece quando o trabalho cotidiano de equipe está em andamento.[1]

As equipes sempre ficam em desvantagem sem uma sessão de avaliação adequada, não importa a situação. Para que uma equipe execute suas tarefas, sejam presenciais, remotas ou híbridas, ela precisa dos ingredientes certos e da preparação certa. Pode parecer óbvio, mas, muitas vezes, isso é esquecido pelas razões descritas acima. Enquanto o "pré-trabalho" determina que forma a equipe assumirá – sua função, composição, design etc. – e, portanto, acontece antes mesmo de a própria equipe existir, a "avaliação" ocorre no momento em que a equipe se reúne. Como diz Hackman, a avaliação da equipe é o que lhe "dá vida",[2] garantindo que todos os membros entendam como podem trabalhar juntos de forma mais eficaz e concordem com isso. Se as equipes pulam essa etapa, ou passam por ela superficialmente para começar a trabalhar mais rápido, muitas vezes, perdem a direção e vacilam mais adiante no caminho. As avaliações de equipe (e as sessões periódicas de reavaliação, ou acompanhamento) impulsionam o desempenho ao longo da jornada. As reavaliações são essenciais para manter as equipes remotas coesas, mas ainda mais quando elas fazem a transição para o trabalho remoto e, em especial, por necessidade, como pela covid-19. Os líderes precisam ser proativos em relação a mais, não menos, acompanhamentos periódicos. A duração típica de uma avaliação é de uma hora ou uma hora e meia, e esse tempo pode ser dividido em duas sessões. Todos os membros precisam estar presentes em uma discussão aberta para compartilhar opiniões e contribuir com perspectivas sobre as melhores maneiras de trabalhar em equipe. No trabalho remoto, as

Capítulo 1

avaliações devem ser por videoconferências nas quais as pessoas possam estar tão conectadas quanto a tecnologia digital permita.

Este capítulo mostrará a teoria e a prática de avaliações de equipe, detalhando os quatro elementos essenciais do trabalho em equipe com os quais cada membro deve concordar.[3]

1. Metas compartilhadas que deixam claros os objetivos que a equipe quer alcançar.

2. Compreensão compartilhada sobre os papéis, as funções e restrições de cada pessoa.

3. Compreensão compartilhada dos recursos disponíveis – de orçamentos a informações.

4. Regras compartilhadas que mapeiam como os colegas de equipe colaborarão de maneira eficaz.

Observe que cada um desses quatro domínios conta com o mesmo conceito: *compartilhar*. Isso porque o objetivo fundamental de uma sessão de avaliação é o alinhamento.[4]

Acompanhamentos são avaliações periódicas de como o grupo está se saindo nas quatro áreas principais. Costumo brincar que uma reavaliação é como um casal tendo uma noite só pra si, porque em ambos os casos se revisita o que é importante e se pode discutir o presente, o passado e o futuro, para descobrir o que está funcionando e o que pode precisar de ajustes. Via de regra, as equipes deveriam revisitar sua situação por meio de uma reavaliação pelo menos uma vez por trimestre. Descobri que quando as pessoas trabalham remotamente, **é** mais importante reavaliar a cada seis ou oito semanas, para orientar, ou reorientar, com base na dinâmica em evolução. Nessas ocasiões, grupos de trabalho virtuais e os líderes reconhecem como cada membro está se saindo, descobrem como lidar com as preocupações e, finalmente, colocam todos no mesmo caminho para atingir os objetivos da equipe.

Em outras palavras, os acompanhamentos nunca são um evento único. Como as condições de trabalho costumam ser dinâmicas, apertar o botão de reinicialização uma vez não será suficiente. Reavaliações periódicos são importantes em tempos bons, mas cruciais em tempos de incerteza, como ilustra a história de James. A equipe pode precisar usar uma nova ferramenta de mediação que exige novas normas de comunicação. O governo pode introduzir novos regulamentos ou novas leis que afetem os padrões de trabalho das pessoas, como vimos quando milhões passaram a trabalhar em casa durante os primeiros meses da pandemia de covid-19. Países, mercados ou setores inteiros podem sofrer uma mudança repentina que exija que a equipe reoriente seus objetivos. Acompanhamentos periódicos são os únicos mecanismos estruturados para dar às equipes a capacidade de dar giros rápidos de maneira sistemática.

Alinhando-se com os objetivos compartilhados

Ao contrário do que muitas pessoas acreditam, alinhamento de equipe não é sinônimo de concordância. Na verdade, o *desacordo*, muitas vezes erroneamente considerado o inimigo da cooperação, é uma parte crucial para refinar ideias, identificar erros e crescer como uma unidade coletiva. A diferença entre o alinhamento de equipe bem-sucedido ou malsucedido, portanto, não é se os colegas discordam, e sim sobre o *que* discordam. Em 1997 Steve Jobs disse a famosa frase: "Tudo bem gastar muito tempo discutindo qual caminho pegar para São Francisco quando todos querem ir para lá. Mas muito tempo é desperdiçado nessas discussões se uma pessoa quer ir para São Francisco, e outra, secretamente, quer ir para San Diego". Em outras palavras, as equipes podem discordar sobre o *como* – isso é parte do processo dinâmico do trabalho em equipe –, mas antes que esse processo possa começar, elas devem ter uma compreensão compartilhada do objetivo ou do *quê*. Na analogia de Jobs, primeiro, todos devem estar de acordo sobre o objetivo de ir para São Francisco. Ou trazer um produto específico para o mercado; ou aumentar a base de clientes. Uma sessão de avaliação de equipe é a oportunidade de identificar objetivos claros e específicos antes de dar qualquer outro passo à frente.

Para garantir que haja acordo sobre as metas para as quais a equipe foi mobilizada, a sessão de avaliação deve ser um diálogo. À medida que os líderes e membros da equipe oferecem sugestões, fazem perguntas, apresentam preocupações e respondem uns aos outros, todos começam a compreender e aceitar as metas sob suas próprias perspectivas. Os líderes podem garantir que a conversa permaneça focada no quadro geral. Conversar sobre os detalhes do *como* é necessário, mas numa data posterior. Talvez o objetivo de sua equipe seja tão simples quanto "entregar valor às partes interessadas em nosso setor". A única condição é que cada membro da equipe concorde e esteja totalmente comprometido em promovê-lo.

Contribuições e restrições

Surpreendentemente, as pessoas nem sempre sabem ao certo onde se encaixam na equipe. Uma avaliação é uma oportunidade ideal para cada membro expor de modo explícito suas funções individuais e como pode contribuir com os objetivos da equipe. Um membro pode compartilhar uma experiência anterior em um projeto semelhante. Outro pode reconhecer sua inexperiência, mas expressar entusiasmo para aprender. Outra pessoa pode revelar aptidão para uma habilidade específica necessária para atingir o objetivo da equipe. Como em uma equipe esportiva, quando os membros desempenham funções diferentes no campo, os líderes podem ajudar a identificar a área de responsabilidade específica de cada um. Os membros da equipe devem compreender o papel de todos, bem como o seu próprio.

Esclarecer as funções individuais da equipe e as responsabilidades atuais de cada pessoa também guiará as expectativas sobre o tempo e a atenção individuais para a colaboração. Os membros da equipe remota em geral pertencem a várias equipes simultaneamente.[5] A participação em várias equipes ou, pelo menos, a interdependência entre elas, gera expectativas variadas, ou até conflitantes, sobre quanto tempo um membro dedica a cada equipe.[6] Um líder de equipe pode supor que um colega está priorizando sua equipe, quando, na realidade, essa pessoa está se concentrando mais no trabalho de outra equipe. Aliás, não é incomum que um indivíduo esteja envolvido em um trabalho da empresa que não fica visível para colegas de equipe e gestores.[7] Em uma equipe presencial, a ausência de alguém é um fato óbvio. Mas em um formato remoto, não há evidência visual de como os membros da equipe usam seu tempo. Uma avaliação que inclui uma discussão franca de tais restrições permite que a equipe estabeleça expectativas sobre como os colegas alocam seu tempo para diferentes compromissos.

Embora expectativas desalinhadas possam tornar as equipes menos eficazes, o contrário também pode ser verdade. Na verdade, a capacidade de cada membro da equipe de compartilhar abertamente suas restrições e perspectivas exclusivas sobre como o trabalho deve ser feito pode ser um ponto forte. Para capturar a natureza dinâmica da participação em várias equipes, as sessões de reavaliação dão a cada um a oportunidade de discutir novas atribuições que possam ter sido adicionadas ao escopo do trabalho. Ter ciência de como os membros da equipe estão lidando com as demandas adicionais prepara todos para apoiar uns aos outros, administrar as expectativas de prazos e reequilibrar os volumes de trabalho.

Reconhecendo recursos

Um dos benefícios de trabalhar em equipe é a capacidade de aproveitar o conhecimento e as habilidades distintas de seus colegas para ajudar na realização das tarefas. Quando os membros da equipe são colocados no mesmo escritório, podem usar os recursos uns dos outros ao colaborar cara a cara. Mas, quando distribuídos, as oportunidades para interações pessoais são limitadas ou podem ser inexistentes. Imagine dois cenários: no primeiro caso, você trabalha no mesmo escritório com seus colegas há anos. Vocês se reúnem em torno de uma mesa de reuniões para discutir os detalhes de um projeto importante. Como vocês conhecem os pontos fortes e fracos uns dos outros, é fácil pedir ou oferecer uma opinião ou informação específica. Agora, imagine que você ainda está discutindo planos com seus colegas de equipe, mas, em vez de trabalhar no mesmo escritório, estão trabalhando remotamente. Nesse cenário, você só encontra os membros de sua equipe em videoconferências ou chats on-line. Se já teve experiências de trabalho em equipe em ambientes on-line, você sabe como pode ser difícil estabelecer uma dinâmica interdependente que compartilhe informações e tome decisões.

Em termos materiais, uma sessão de avaliação deve identificar recursos relativos a informações, orçamentos, tecnologias e redes internas ou externas, que ajudarão a equipe a avançar em seus objetivos. Não é necessário gerar uma lista detalhada de cada item, mas o período de avaliação é o momento para chegar a um consenso sobre os recursos atuais da equipe, do que ela precisa e como acessá-los. Especialmente em um ambiente remoto, esse é o momento de garantir que os membros da equipe tenham a tecnologia e o suporte necessários para realizar o trabalho. Não podemos supor que todos tenham acesso adequado à internet, e alguns podem precisar de atualizações em dispositivos, ou equipamento adicional. Certificar-se de que todos os funcionários tenham o suporte financeiro adequado para equipar um escritório doméstico funcional é fundamental.

As reavaliações são oportunidades para a equipe reavaliar os recursos disponíveis. Por exemplo, a covid-19 pode ter afetado o orçamento da equipe e as parcerias com outras organizações. Indivíduos

Capítulo 1

e líderes devem se certificar de que os membros da equipe estejam cientes do que ainda está no kit de ferramentas da equipe à medida que avançam.

Estabelecendo normas de interação juntos

Considere este cenário: uma equipe remota de seis faz o download dos aplicativos de bate-papo mais recentes em seus smartphones. Apesar de estarem distribuídos em cinco países, todos agora conversam a qualquer hora de uma forma mais informal que por e-mail. Um dia, quatro membros no mesmo fuso horário mantêm uma conversa improvisada no novo aplicativo para discutir possíveis correções de um bug em um software. A partir daí, a conversa passa para um assunto que toda a equipe discutirá no dia seguinte. A natureza informal e *ad hoc* da conversa privada permite que os quatro membros falem abertamente sobre suas ideias e façam avanços significativos nas tarefas a ser discutidas na reunião agendada.

Talvez você pense que essas quatro pessoas devem ganhar "pontos" extras por terem uma vantagem inicial, mas, pelo contrário, as consequências não são boas para a coesão geral da equipe. Na reunião do dia seguinte, fica imediatamente claro que outros dois membros perderam alguma coisa. São feitas referências que eles não entendem, e suas perguntas ficam sem resposta porque os demais avançaram muito no diálogo. "Por que estamos sendo excluídos?", os dois se perguntam. Um não quer trazer isso à tona de forma explícita por medo de parecer mesquinho; outro já fez uma reclamação recentemente dos horários das reuniões e não quer ser considerado resmungão. Mesmo quando lembram que a exclusão não foi intencional, sentem certo ressentimento em relação aos colegas de equipe, e uma preocupação persistente de que serão excluídos de novo no futuro. O ressentimento inflama, e a equipe começa a se fragmentar. Já vi esse mesmo cenário, e muitos outros como ele chegarem ao ponto de destruir a coesão do time.

Essa equipe precisava de uma sessão de avaliação (ou reavaliação) na qual discutisse as normas para orientar o uso da nova ferramenta de chat. A sessão teria dado a oportunidade de compreender e reconhecer que todos devem se sentir incluídos no progresso da equipe para que o grupo permaneça coeso. Poderia ficar decidido, por exemplo, que se alguns membros da equipe acabassem conversando espontaneamente sobre um tópico, teriam que pausar a conversa até notificar os participantes ausentes. A questão não é tanto os detalhes de como uma equipe escolhe se comunicar, mas que as normas para isso sejam confirmadas antes de serem implementadas.

As equipes remotas bem-sucedidas aderem às normas do grupo que estabelecem coletivamente. Normas não são regras. As normas refletem um conjunto de princípios que orientam as interações, a tomada de decisões e a solução de problemas. Gerar as normas juntos é essencial; durante o diálogo de avaliação, os membros aprenderão sobre os problemas que são importantes para seus colegas de equipe. Por exemplo, se a maioria das pessoas valoriza a pontualidade, a avaliação pode definir uma norma explícita sobre o login no horário nas reuniões. Isso cria uma expectativa padronizada a ser seguida por toda a equipe. Para a minoria mais casual quanto à exatidão dos

Capítulo 1

horários, a norma estabelecida oferece um incentivo para demonstrar respeito pelas preferências dos colegas.

Para equipes remotas que não têm oportunidade de interagir cotidianamente de modo mais informal como acontece em um escritório compartilhado, como se cruzar no corredor ou bater um papo ao lado da máquina de café, as normas que definem os padrões de comunicação virtual são essenciais para preencher essa lacuna. Normas eficazes para comunicação têm três funções principais:

- Delinear planos de interação e conexão para todos os membros da equipe, independentemente da função ou localização;
- Promover a segurança psicológica, ou o nível de conforto do grupo, ao expressar preocupações individuais sobre tarefas e erros;
- Manter cada membro da equipe remota conectado para que ninguém se sinta isolado profissionalmente.

Planeje sua comunicação contínua

As equipes mais eficazes compartilham uma norma aparentemente simples de comunicação: nas reuniões, cada pessoa fala e ouve igualmente, e se esforça para se dirigir a todos (não apenas ao líder da equipe). Após a reunião, as pessoas continuam a trabalhar nos tópicos relevantes, retomando a conversa informalmente com outros membros da equipe ou procurando informações que possam ajudar na próxima discussão.[8] Em equipes remotas, por exemplo, com base em uma videoconferência com todos os membros, você pode enviar uma mensagem para um determinado colega pela ferramenta de mídia social interna: "Oi, ótimo o comentário que você fez sobre o projeto. Isso me deu algumas ideias…". Essa conversa individual pode estimular uma sessão de *brainstorming* a ser discutida na próxima reunião formal com toda a equipe.

As sessões de avaliação e reavaliação são oportunidades para determinar as melhores maneiras de conduzir reuniões e manter contato durante todo o processo de trabalho. Por exemplo, em uma equipe remota que estudei, usar software digital para desenhar ou escrever enquanto as ideias eram discutidas (como pode ser feito em um quadro branco em situações presenciais) era a melhor maneira de os membros da equipe transmitirem nuances em formato virtual uns aos outros. A equipe concluiu que ter uma dimensão visual era a medida mais eficiente e pragmática para obter adesão e compreensão mútua. Como disse um membro: "Para nós, é ver para crer".

As equipes também precisam predeterminar como se manter conectadas nas tarefas. Quando você deve informar a um colega que a data de entrega será posterior ao programado? A equipe de James sofria de falta de coordenação sobre quem estava fazendo o quê e quando. James tinha longos períodos de silêncio, em que não tinha ideia do que estava acontecendo no trabalho com cada cliente. Mais visibilidade da situação de Cliff quando a empresa de repente ficou muito mais ocupada teria poupado muita dor de cabeça a todos.

As regras de comunicação também determinam a etiqueta para quando entrar em contato e quando fazer o acompanhamento (se necessário). Para membros remotos da equipe em home office, os limites entre o trabalho e a casa podem ficar confusos. Regras para deixar essa distinção o mais clara possível – seja limitando a

Capítulo 1

correspondência ao horário comercial normal ou mantendo expectativas consistentes de pontualidade e participação em reuniões on-line – ajudam a mitigar a confusão, exaustão e frustração que podem surgir quando o trabalho e a vida doméstica ficam emaranhados.

Torne tudo psicologicamente seguro para conflitos e erros

As equipes presenciais tendem a discutir mais o trabalho que as remotas.[9] À primeira vista, pode parecer uma coisa a menos com que se preocupar no trabalho remoto. Mas, como qualquer pessoa com experiência com equipes remotas dirá, todos os sorrisos e todas as cabeças assentindo em uma reunião virtual *não* significam que todos realmente concordam entre si. A tensão pode existir sem conflito aberto, e é muito pior mantê-la reprimida atrás da tela que lidar com ela em um diálogo aberto. O conflito de tarefas costuma ser uma coisa boa – no Capítulo 7, discutirei como gerenciar esse processo minuciosamente. Por enquanto, é importante entender que, quando as pessoas expressam pontos de vista divergentes, ou mesmo opostos, o diálogo costuma levar a ideias mais inovadoras e refinadas.

A segurança psicológica, condição que permite aos colegas de trabalho assumir riscos e admitir erros sem medo de represálias nem vergonha, é a chave para um trabalho em equipe produtivo. Minha colega Amy Edmondson, que foi pioneira no conceito e fez um amplo trabalho sobre seus efeitos, descobriu que, se a segurança psicológica não estiver presente, o medo das pessoas de expressar discordância ou incerteza aos colegas, especialmente aos superiores, prejudica o sucesso da equipe.[10] Para combater esses medos, os líderes e suas equipes devem promover ativamente uma atmosfera que faça todos se sentirem seguros para falar e fazer perguntas. Quando os erros são divulgados, as pessoas podem discutir como reduzi-los no futuro. O resultado é uma equipe em constante aprendizado, engajamento e aprimoramento.

As normas de comunicação remota devem estabelecer as bases para uma equipe psicologicamente segura. Por exemplo, uma sessão de avaliação de equipe pode estabelecer uma política de tolerância zero para linguagem ofensiva, ou criar um processo padronizado para avançar nas questões caso os colegas não cheguem a um consenso. Os líderes podem estabelecer as condições para a segurança psicológica admitindo seus próprios erros e pedindo expressamente às pessoas para contribuir com ideias e opiniões.

Certifique-se de que nenhum membro se sinta isolado

Mesmo que as equipes remotas façam um bom trabalho promovendo inclusão e segurança psicológica, o formato remoto é uma experiência inerentemente solitária para muitas pessoas. Embora as pesquisas tenham fornecido amplas evidências dos muitos benefícios do trabalho remoto (maior alcance geográfico em diferentes mercados, mais autonomia sobre a configuração do escritório etc.), os estudos também deixam muito claro que a sensação de isolamento profissional dos trabalhadores remotos leva a uma redução do desempenho profissional e aumento da rotatividade de funcionários.[11] No entanto, os efeitos do isolamento no desempenho profissional diminuem com algumas interações cara a cara e com acesso a mais tecnologias de comunicação, como videoconferência e VoIP.

Até a percepção de que os colegas de trabalho são facilmente acessíveis ajuda a aliviar a sensação de solidão.

Sessões de avaliação são um momento para as equipes definirem, de forma proativa, as regras que tornam os colegas acessíveis entre si enquanto trabalham separadamente. Dessa forma, as regras da equipe devem tratar diretamente de como mitigar a sensação de isolamento que possa surgir devido à distância física entre os membros. Por exemplo, a equipe pode elaborar um plano que interrompa o trabalho solitário criando interações cara a cara programadas com regularidade ou periódicas. No caso de o contato pessoal não ser possível, a tecnologia pode ser um substituto válido. Afinal, a presença física não é, necessariamente, o antídoto para o isolamento – não se esqueça de que as pessoas que ficam sentadas juntas o dia todo em um escritório, sem nunca trocar uma palavra ou um olhar, também podem se sentir isoladas. Os líderes podem ajudar a comunicar a regra de que o isolamento é um fator que todos vão superar juntos; isso pode ajudar a conectar os colegas psicologicamente.

Os líderes precisam demonstrar seu (re)compromisso

As sessões de avaliação também são uma oportunidade para os líderes reforçarem seu compromisso com a equipe. Vejamos Jennifer Reimert, líder de uma equipe de consultoria da Workhuman, empresa que desenvolve softwares de reconhecimento e desempenho para muitas das maiores organizações do mundo. Como Reimert diz, ela atua na área do "obrigado". Antes de começar na Workhuman, nas duas décadas que passou focada em remuneração, recompensas e benefícios de funcionários em uma empresa de tecnologia de ponta, ela pôde ver que o simples ato de gestores reconhecerem o esforço dos funcionários e agradecerem (e outras expressões de apreço entre colegas) servia como uma força empoderadora para aumentar o engajamento. Especialmente no trabalho remoto, os gestores nem sempre testemunham as contribuições positivas que as pessoas fazem; já os colegas, sim. O reconhecimento que capta as contribuições positivas dos colegas de equipe cria uma cultura de gratidão e reforço positivo dos valores que os membros abraçam.

Reimert aprendeu essas lições como trabalhadora remota desde o início de sua carreira. Quando começou nessa empresa de tecnologia, estava a cinco mil quilômetros de distância, seu marido tinha sido aceito em um programa de MBA na Costa Leste dos Estados Unidos, e fazia pouco tempos que haviam se mudado. Depois de discussões com a liderança, todos perceberam que o fato de ela estar no fuso horário padrão do leste era perfeito para a equipe, que tinha pessoas na Califórnia, no Oregon, no Reino Unido e na Ásia. Quando começou na Workhuman, quase vinte anos depois, ela havia desenvolvido um conjunto de princípios para avaliar e reavaliar equipes remotas. No centro desses princípios estava a crença de que uma equipe forte requer um líder que demonstre profundo comprometimento com os membros em todas as fases da vida dessa equipe.

Em conjunção com as sessões de avaliação de equipe, Reimert se conecta com os membros remotos em reuniões telefônicas individuais. Com frequência, ela faz essas conversas andando de cômodo em cômodo de sua casa ou, se o tempo estiver bom, caminhando pela calçada. Em sua opinião, a atividade física a mantém focada

Capítulo 1

na pessoa do outro lado da linha. Seu objetivo, como líder e ser humano, é ouvir os outros, ter empatia e reagir de acordo. Ela inicia as conversas falando um pouco sobre si mesma para que as pessoas imediatamente tenham uma sensação de conforto e familiaridade. Quando se familiarizam, ela pede o feedback honesto da pessoa sobre a sessão de avaliação do grupo – com o que estão otimistas ou preocupadas. Reimert pergunta a cada um sobre seus interesses pessoais, o que consideram seus pontos fortes, onde querem melhorar e o que querem obter de experiência na equipe. Por fim, a conversa leva Jennifer e a outra pessoa a uma compreensão de como os interesses, as habilidades e os objetivos do indivíduo se conectam com os objetivos gerais da equipe. Reimert considera esse toque pessoal crucial para criar alinhamento em um grupo de pessoas que trabalham juntas sem nunca se encontrar pessoalmente.

À medida que os colegas de equipe se conhecem virtualmente por meio do trabalho compartilhado, Reimert faz um esforço consciente para reconhecer a contribuição de cada um. Esses pequenos gestos de agradecimento ajudam muito na construção da coesão. Ela também mantém sua porta virtual aberta para que os colegas apresentem quaisquer preocupações que surjam. Embora faça o possível para lhes dar apoio e criar empatia, Reimert também nunca esquece uma lição importante que, segundo ela, levou anos de perspectiva para aprender: nem todo mundo é feliz o tempo todo. Em outras palavras, não se preocupe, porque nunca haverá 100% de satisfação 100% do tempo.

A abordagem de Reimert ilustra um atributo de liderança crucial para a avaliação de equipes remotas: liderar pelo exemplo. Suas reuniões individuais com os colegas de equipe exemplificam os padrões de comunicação que levam a uma cultura de equipe psicologicamente segura e inclusiva. Os colegas eram compelidos a reagir da mesma forma. Desse modo, a coragem de demonstrar vulnerabilidade no início *reforça* o papel do líder na equipe, em vez de diminuí-lo.

Quando uma equipe está de acordo nessas quatro áreas – objetivos, funções, recursos e regras –, os membros se sentem motivados e investem no cumprimento das metas de seu time.

Sucesso de qualquer lugar: avaliação e reavaliação

- **Defina o escopo.** As sessões de avaliação e reavaliação são uma oportunidade para definir objetivos claros e precisos para a equipe. Os colegas trabalham melhor em conjunto quando sabem que todos têm a mesma meta.

- **Fale sobre como trabalhar juntos.** Defina regras que orientem os padrões de comunicação para uma equipe inclusiva, psicologicamente segura e conectada.

- **Conheça as realidades e atribua os papéis.** Discuta como cada membro contribui para os objetivos da equipe, quais são suas restrições internas e externas, e em que aspecto podem melhorar.

- **Encontre os recursos de que você precisa.** Discuta as informações, o orçamento, a tecnologia e as redes de que você e seus colegas precisam para atingir os objetivos da equipe. Se ainda não tem acesso a esses recursos, discuta como obtê-los.

- **Mostre como você se mantém comprometido.** Ao liderar sessões de avaliação, mostre seu apreço pelos colegas de

Capítulo 1

equipe dando-lhes toda a atenção, ouvindo suas ideias e preocupações, e oferecendo os recursos disponíveis. As reavaliações são um momento para reforçar esse compromisso, especialmente em tempos de instabilidade.

Capítulo 2

Como posso confiar em colegas que quase não vejo pessoalmente?

Tara olhava para a tela do computador. Estava tomada pela ansiedade. Depois de passar dois dias tentando identificar a origem do bug na atualização do software, finalmente admitiu para si mesma que não tinha ideia de como encontrá-lo. Nenhum dos outros engenheiros de sua pequena equipe tinha uma solução, o que significava que ela precisaria pedir ajuda em outro lugar na empresa – uma empresa de tecnologia multibilionária com mais de 17 mil funcionários em trinta países. A quem perguntaria? E mesmo que soubesse responder a essa pergunta, a ideia de entrar em contato com um estranho a deixava horrorizada. E se fosse considerada incompetente por falhar nessa tarefa? Ela era relativamente nova na empresa e queria passar uma boa impressão. Sua cabeça estava tomada por incontáveis pontos de interrogação.

Então, teve uma ideia repentina. Lembrou-se de um e-mail enviado para toda a empresa algumas semanas antes anunciando o lançamento da plataforma de mídia social interna privada. O objetivo, como explicava o e-mail, era promover o compartilhamento de conhecimento entre funcionários dispersos geograficamente. "É como o Facebook para o trabalho", dizia uma linha acima do link de cadastro. Tara associava o Facebook à sua vida social fora do escritório, e a ideia de confundir esse limite a fez parar e pensar. Mas ela precisava de uma tábua de salvação. Então, abriu o e-mail e se registrou em poucos minutos.

Ela entrou tranquilamente na interface da plataforma. Logo estava olhando fotos de animais de estimação de outros funcionários e conversas sobre alpinismo. As pessoas estavam realmente sendo "sociáveis", observou. Então, um post sobre natação despertou seu interesse. Como nadadora ávida, ela ficou animada por encontrar algo em comum com outra desenvolvedora de software na plataforma. A desenvolvedora se chamava Marisol, e sua foto de perfil mostrava uma mulher de cabelos castanhos à altura dos ombros, na casa dos trinta anos. Tara leu um post anterior no feed de Marisol. Outro engenheiro recém-contratado, com experiência semelhante à de Tara, pedia conselhos sobre um problema de programação, e Marisol ofereceu uma resposta rápida e entusiasmada com orientações claras. Tara suspirou aliviada. Embora não conhecesse Marisol, sentiu-se suficientemente confiante para falar com ela sem medo de ser constrangida ou rejeitada. E foi isso que fez.

Tara simplesmente decidiu confiar em Marisol. Os cientistas sociais definem confiança como a medida de nossa segurança e disposição para agir segundo as palavras, ações e decisões de outra pessoa.[1] Em outras palavras, confiamos nas pessoas se o que elas dizem, fazem e decidem inspiram confiança.

Confiança não é igualmente distribuída

Quando todos trabalham em um prédio comercial, mesmo não sendo próximos, estabelecer confiança entre os colegas pode ser fácil como respirar ou ir buscar um café. É natural iniciar conversas casuais com colegas que trabalham em departamentos diferentes ou em outras equipes. Reunimos todos os tipos de detalhes pessoais e profissionais sobre quem são e como se comportam, o que facilita a confiança entre as pessoas. Chamo esse processo de construção de confiança, que é a confiança convencional, confiança padrão.

Mas como os colegas de trabalho remoto que quase nunca se encontram pessoalmente – quando se encontram – sabem que os outros são confiáveis? Como desenvolvemos preocupações com o bem-estar dos colegas quando trabalhamos remotamente, para que possamos nos sentir razoavelmente confortáveis interagindo com eles?[2] Trabalhadores presenciais costumam estabelecer confiança por meio de interações repetidas e confiáveis ao longo do tempo, e em contextos compartilhados; mas isso é difícil em equipes remotas, nas quais normalmente há menos interações pessoais e dicas sociais. E o que acontece com laços antigos quando são desafiados pelo trabalho remoto por longos períodos? Essa é uma das questões que a covid-19 nos obrigará a enfrentar, à medida que continuarmos a passar mais tempo sozinhos em nosso home office, longe das

Capítulo 2

interações cotidianas, espontâneas e informais que geram confiança. Como podemos confiar em alguém se não conseguimos ler gestos, linguagem corporal e expressões faciais em reuniões periódicas em pessoa? Como estabelecemos confiança quando estamos separados pela geografia? Como podemos "ler" a confiança em nossos colegas de trabalho se todos dependemos das ferramentas de comunicação digital para trabalhar? Como podemos construir novos relacionamentos com novos membros da equipe?

Além do mais, a confiança é frágil. Na maioria dos locais de trabalho, é mais provável que a confiança seja quebrada quando os colegas não cumprem suas responsabilidades, retêm informações ou formam grupos internos e externos. É provável que gestores que passam a ideia de ter "favoritos", ou que implementam o que parecem ser demissões repentinas e desnecessárias, percam a confiança dos demais funcionários. Os funcionários que constantemente deixam de fazer seu melhor trabalho podem perder a confiança dos supervisores e colegas. O problema é que, uma vez quebrada, a confiança é difícil de reparar.

Embora nós talvez pensemos na confiança como uma experiência binária e única, os cientistas sociais que a estudaram no local de trabalho a consideram bastante matizada e complexa. Podemos imaginar uma paleta com diferentes cores de confiança para usar em diferentes circunstâncias.

O tipo de confiança que Tara deu a Marisol os cientistas sociais chamam de *confiança aceitável*, que é uma característica essencial do trabalho em equipe remoto.[3] A confiança aceitável é o limite mínimo de confiança necessário para se comunicar e trabalhar com outras pessoas. Outra maneira de entender isso é um nível suficiente de confiança que você tem nos outros com base nas palavras e ações deles. A confiança aceitável é dada aos outros por meio de seu comportamento observável (seja pessoalmente, on-line ou ambos). Nesse caso, Marisol ganhou a confiança aceitável de Marisol quando sua interação com outro funcionário na plataforma de mídia social foi examinada.

Além dessa confiança aceitável que Tara sentiu ao procurar uma colega "conhecida" na plataforma de mídia social da empresa, os cientistas sociais interpretaram a chamada *confiança rápida*.[4] Identificada pela primeira vez em equipes de voo e policiais que se uniram em situações de crise, a confiança rápida caracteriza o alto nível de confiança que deve ser estabelecido "rapidamente" pelos membros de uma equipe formada para um projeto ou uma tarefa específica, cuja expectativa é trabalhar junta por um período limitado. Quando a confiança rápida é a norma, os membros decidem confiar uns nos outros até que se prove o contrário.[5] Recentemente, fiz parte de uma equipe composta por professores de diferentes áreas da minha universidade que atuou junto ao comitê consultivo na busca de um novo decano para trabalhar com o presidente e o reitor. A maioria de nós não se conhecia bem, mas fomos encarregados de lidar com um assunto bastante delicado. Tivemos que decidir em pouco tempo confiar uns nos outros para manter todas as nossas discussões confidenciais. Não tínhamos outra escolha.

Neste capítulo, você vai aprender mais sobre esses dois tipos de confiança, como diferem da confiança padrão, por que são essenciais

Capítulo 2

no trabalho remoto e que mecanismos você e seus colegas de trabalho podem usar para incentivá-los. Também vai entender como uma empresa de serviços financeiros desenvolve uma relação de confiança e contato próximo com os clientes. E visto que a confiança vem com o tempo, e é dinâmica em vez de estática, é útil pensar sobre o que chamo de *curva de confiança,* uma nova maneira de entender como a confiança funciona em equipes remotas.

A curva de confiança

Com certeza você conhece o termo "curva de aprendizado". Concebido originalmente como uma forma de calcular a taxa de melhoria no desempenho de uma tarefa em função do tempo ou custo (como o trabalho em uma linha de montagem), hoje em dia, com frequência falamos de curva de aprendizado como uma maneira de medir quanto tempo é necessário para aprimorar uma habilidade ou tarefa específica. As pessoas avançam em ritmos diferentes na curva de aprendizado; por exemplo, um atleta talentoso que começa a praticar um novo esporte pode avançar mais rápido na curva de aprendizado que uma pessoa sedentária até então. As tarefas também podem exigir diferentes períodos. Por exemplo, aprender a programar pode levar mais tempo que aprender a criar um template de apresentação. As pessoas se referem às curvas de aprendizagem como "altas" e "baixas", "suave" e "íngremes". Para nossos propósitos, o importante é entender que uma curva de aprendizado ocorre com o tempo. Quando representada graficamente em um eixo X-Y, a linha horizontal é sempre "tempo".

Da mesma forma, podemos conceituar e representar graficamente as curvas de confiança como algo que ocorre ao longo do tempo. Em outras palavras, a linha horizontal do gráfico é, de novo, "tempo", mas a vertical é "confiança". Em termos convencionais, especialmente se as interações cara a cara são a norma, a confiança tem um desenvolvimento lento ao longo do tempo. À medida que o tempo passa, aumenta a confiança entre os colegas de equipe. Mas equipes remotas nem sempre têm esse luxo, e exigem caminhos diferentes para desenvolver confiança, mesmo que ocorram interações pessoais ocasionais. É por isso que a pergunta no trabalho remoto não deve ser "eu confio em meus colegas?", e sim "*quanto* preciso confiar neles?". Ao observar os vários tipos de confiança adequados para o trabalho virtual, também podemos entender como se encaixam na curva de confiança.

Confiando na cabeça e no coração

A confiança é a cola que une uma equipe, impulsiona o desempenho e possibilita a colaboração e a coordenação. Mas não se pode forçar a confiança; é algo que as pessoas devem alcançar sozinhas. Ao confiar em nossos colegas, estamos dispostos a mostrar nossa vulnerabilidade a eles no que diz respeito a garantir que farão sua parte nas tarefas, ou manterão em sigilo tudo o que lhes confiarmos. Nas equipes, a confiança inclui a expectativa de que as pessoas agirão para o bem do grupo.[6]

Dois termos básicos que nos ajudam a pensar em como escolher, na paleta de nuances de confiança disponível ao trabalharmos juntos, são *confiança cognitiva* e *confiança emocional*.

Capítulo 2

A confiança cognitiva se baseia na crença de que seus colegas de trabalho são confiáveis. Equipes motivadas pela confiança cognitiva usam a cabeça ao avaliar a qualificação de seus colegas para realizar uma determinada tarefa. Em geral, a confiança se forma com o tempo e se confirma (ou refuta) por meio de inúmeras experiências e interações. Por exemplo, quando descobre que um colega adquiriu experiências significativas em um emprego anterior, ou se formou em uma instituição que você respeita, você começa a formar confiança cognitiva. Enquanto trabalham em um projeto juntos, sua confiança cognitiva vai aumentar ou diminuir, dependendo da consistência no comportamento de seu colega para demonstrar confiabilidade ao longo do tempo.

Em comparação, a confiança emocional se baseia no cuidado e na preocupação dos colegas de trabalho uns com os outros.[7] Os relacionamentos construídos com base na confiança emocional dependem de sentimentos positivos e laços emocionais, e surgem com mais facilidade quando os membros da equipe têm valores e mentalidades em comuns. Se você intencionalmente oferece mentoria a um colega, ou se um grupo arrecada uma quantia para comprar um presente para um colega, por exemplo, a motivação é a confiança emocional. Os relacionamentos baseados na confiança emocional são semelhantes às amizades e envolvem o coração. Essa confiança não requer mais tempo para ser alcançada, mas é mais difícil de formar em equipes remotas.

A confiança aceitável depende mais da confiança cognitiva, enquanto a confiança rápida depende de ambas. A confiança aceitável é necessária, mas não suficiente para a maioria das equipes remotas. É útil e com frequência é usada para comunicação fora das equipes e entre as organizações – é o combustível que mantém as organizações funcionando –, mas, como não se torna mais intensa nem envolve emoções, não é o ingrediente especial que faz uma equipe – especialmente uma remota – se consolidar. (Veja a Figura 1 para curvas de confiança cognitiva[8] e a Figura 2 para curva de confiança emocional.)

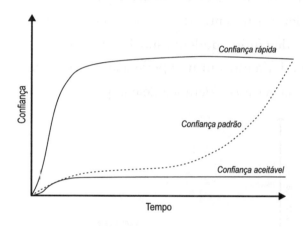

Figura 1: Três tipos de curvas de confiança cognitiva.

Os gráficos da curva de confiança mostram que, embora alcançar um nível intenso de confiança cognitiva normalmente seja bastante rápido entre colegas remotos, leva mais tempo para se chegar à confiança emocional. Desse modo, é provável que colegas remotos trabalhem juntos com um nível relativamente baixo de confiança emocional, e um nível de confiança cognitiva relativamente alto. Observe que, apesar de levar mais tempo para se desenvolver, a confiança emocional pode acabar se encontrando e combinando com confiança cognitiva, uma vez que os dois tipos não se excluem mutuamente. Um tipo não **é** necessariamente melhor que o outro; o que é importante ao projetar ou liderar equipes remotas é entender quais tipos de confiança existem e como podem aumentar a colaboração e a produtividade quando bem implantados. Como selecionar o tipo certo de confiança para sua equipe? O que é essencial?

Nas próximas seções, vamos examinar mais de perto como funcionam os vários limites de confiança e como se pode alcançá-los. Compreender as diferentes dimensões da confiança e onde você e seus colegas de equipe podem estar localizados na curva de confiança vai ajudar a estruturar experiências de confiança, bem como influenciar sua gestão e liderança de equipes.

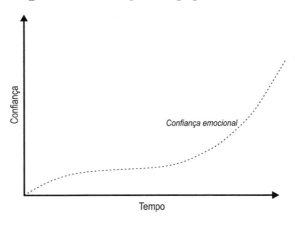

Figura 2: Curva de confiança emocional

Confiança cognitiva aceitável

A confiança aceitável que Tara desenvolveu quando procurou Marisol foi suficiente para obter a ajuda de que precisava. Ela não precisou desenvolver um relacionamento emocional com Marisol para fazer seu trabalho; uma confiança aceitável foi suficiente, e não foi preciso progredir para algo mais profundo ou intenso. Seis semanas depois, Tara poderia procurar Marisol e fazer outra pergunta, e a confiança aceitável entre elas seria suficiente e inalterada.

Para grupos virtuais que se comunicam muito por meio de tecnologia digital, sem o benefício de um local comum e consistente para contextualizar os hábitos diários de trabalho, a confiança aceitável é especialmente útil, frequente e comum.

Confiança cognitiva rápida

Jerome achava que sabia o que significava vestir a camisa da equipe. Como um ex-enfermeiro, ele trabalhou com médicos e outros enfermeiros para salvar a vida de pacientes no pronto-socorro. Prazos eram, literalmente, uma questão de vida ou morte, e a confiança mútua era a chave para o sucesso da equipe. Mas quando mudou de carreira, na meia-idade, e se viu em uma nova função em uma empresa internacional de dispositivos médicos, sua ideia de confiança e formação de equipe foi posta à prova.

Ele e mais quatro pessoas foram requisitados a colaborar em uma apresentação de marketing de um novo produto. No entanto, cada um estava em um país diferente, e a colaboração seria totalmente virtual. Os cinco jamais haviam trabalhado juntos antes. No hospital, Jerome ficava cara a cara com seus colegas todos os dias, trabalhavam juntos minuto a minuto para fazer a triagem e tratar os pacientes. Como poderia confiar em estranhos que viviam a

Capítulo 2

milhares de quilômetros de distância? E, ainda por cima, por meio de uma tela.

Jerome perdeu o primeiro prazo. As conversas iniciais entre os colegas de equipe foram casuais, sobre hobbies e planos de férias – não houve nenhuma discussão sobre a atribuição de funções ou estabelecimento de regras para a equipe, de modo que ele presumiu que não levavam o trabalho a sério. Mas, ao baixar a guarda e participar das conversas, começou a ver que seus colegas trabalhavam juntos com boa vontade, curiosidade e diligência. Enrique, estabelecido no Chile, organizou uma programação. María, da Argentina, e outro membro da equipe – Sylvie, da França – discutiram ideias. Trude, que morava nos Estados Unidos, elaborou uma lista resumida das opções propostas. Todos chegaram a um consenso sobre a ideia mais inovadora a aplicar.

Então, quando Trude, em pânico, mandou uma mensagem dizendo "URGENTE!!! Ideia rejeitada!" explicando as objeções do gestor, a equipe – desanimada – ficou perdida durante dias. Jerome, que conhecia a pressão do tempo, viu a oportunidade de ajudar os colegas a sair do lugar. Ele defendeu com veemência outra ideia de sua lista original. A equipe concordou.

Quatro dias antes do prazo, a equipe se comunicou digitalmente em tempo real. Quando alguém precisava se desconectar, passava o trabalho para os outros para que o progresso continuasse sem interrupção. Depois de vários rascunhos, eles terminaram a apresentação no prazo. Todos se agradeceram pelo trabalho bem feito e trocaram informações de contato pessoal. Embora Jerome soubesse que era improvável que mantivessem contato, a experiência lhe proporcionou uma profunda sensação de realização compartilhada.[9]

A confiança rápida, a disposição dos membros da equipe virtual de confiar temporariamente uns nos outros com base em evidências suficientes de competência – sejam amostras de trabalho, origens ou a maneira como alguém se comunica com outras pessoas em espaços virtuais compartilhados – é, de longe, a formulação mais dominante de confiança em estudos de trabalho em equipe virtual. Embora a confiança rápida possa ser incompleta quando comparada ao modo padrão como as pessoas se conhecem, é suficiente para concluir tarefas compartilhadas.

A confiança rápida – crucial para funcionários remotos que precisam começar a colaborar e se organizar imediatamente – pode ser mais difícil para pessoas cujas origens ou experiências valorizam a construção de relacionamentos ao longo do tempo, e mais fácil para quem prioriza o individualismo e é focado em tarefas.[10] A confiança rápida se dá em equipes nas quais os membros estão conectados por laços funcionais.[11] Normalmente, a confiança rápida é conferida no tempo zero, ou seja, no momento em que começamos a trabalhar juntos, e é sedimentada com evidências que se acumulam ao longo do tempo à medida que nos empenhamos e interagimos com colegas de equipe, para se tornar durável. Em outras palavras, a confiança rápida começa alta e permanece alta porque é sedimentada – com a ressalva de que pode cair se for quebrada.

Conhecimento que promove confiança

O desenvolvimento da confiança em equipes virtuais segue muitas das mesmas condições das equipes presenciais. Os líderes devem definir objetivos e propósitos claros e superordenados, que os membros precisam entender e seguir. A transparência, ou o compartilhamento livre de informações, é importante, assim como a comunicação eficaz, as tarefas claramente identificadas, a confiabilidade e os processos internos padronizados.[12] Em equipes virtuais, cada uma dessas condições convencionais também deve incluir a ideia de como as separações geográficas e as diferenças nos contextos vividos pelas pessoas complicam a confiança. Por exemplo, no início da formação de uma equipe geograficamente distante, quando os membros da equipe conhecem muito pouco uns dos outros e a sensação de pertencer a um grupo é menos segura, é quando os indivíduos têm maior probabilidade de adotar estereótipos que podem causar subgrupos divisores (você vai aprender mais sobre subgrupos no Capítulo 7).[13] Para conter essas tendências, dois mecanismos adicionais para promover a confiança – o conhecimento direto e o conhecimento refletido – são especialmente relevantes para equipes remotas.

Aumente seu conhecimento direto sobre os membros da equipe

Aprender a confiar e se conectar virtualmente é ainda mais eficaz se combinado com o *conhecimento direto* sobre as características pessoais e as regras de comportamento de colegas virtuais distantes. Quando o trabalho em equipe remoto inclui reuniões presenciais periódicas, podemos fazer esforços conscientes para saber mais sobre a vida de outras pessoas, em vez de mergulhar imediatamente na programação prescrita. Visite o escritório de um colaborador distante por um período para aprender, por exemplo, como um membro da equipe trabalha sob pressão e quais indivíduos provavelmente se encontram para almoços de trabalho – ambos exemplos de conhecimento direto. Quando viagens ou a proximidade física não faz parte do plano de trabalho, você pode desenvolver o conhecimento direto reservando um tempo para fazer perguntas sobre a vida e o trabalho dos colegas de equipe: "Como está sendo trabalhar em casa?", ou "O que você costuma fazer na hora do almoço?". Quanto mais contexto os membros da equipe virtual tiverem sobre como os demais trabalham, mais fácil será confiar neles.

Vejamos a experiência de Ben, que passou duas semanas trabalhando lado a lado com seus colegas Yee e Chi-Ming. Durante esse tempo, Ben observou seus colegas em seus contextos. Yee é calmo sob pressão, pede conselhos de pessoas-chave durante o *brainstorming* e vai almoçar com as mesmas pessoas todo dia na lanchonete do segundo andar, onde o pessoal costuma fazer almoços de trabalho. Ben percebe a divisão de trabalho entre Chi-Ming e Yee, e quando o incluem. O conhecimento direto que Ben adquire sobre Yee e Chi-Ming lhe fornece informação sobre suas atitudes, seus comportamentos e suas motivações, e torna mais provável que, no futuro, ele aja de acordo com suas palavras e ações, promovendo, assim, a confiança entre uma equipe quase sempre virtual.

Desenvolva sua empatia por meio do conhecimento refletido

Menos óbvio, mas igualmente importante para o desenvolvimento da confiança entre equipes virtuais, é o *conhecimento refletido,* que é alcançado ao olhar para suas normas e seus comportamentos por meio da lente de colaboradores distantes. O conhecimento refletido é a percepção de como os outros nos veem, ele desenvolve nossa empatia em relação à experiência dos outros conosco. Quanto mais nos sentimos compreendidos por nossos colegas, mais fácil é confiar neles. Vejamos o engenheiro indiano que reclamava que seus colegas na Alemanha eram preguiçosos porque demoravam muito para responder aos e-mails e pareciam trabalhar menos horas que o grupo da Índia. Da mesma forma, os engenheiros alemães reclamavam que seus colegas indianos sempre faziam intervalos para o chá. Eles não trabalhavam muito, eram preguiçosos.

Na verdade, os engenheiros alemães estavam acostumados a trabalhar sequencialmente em tarefas, com comunicações por e-mail raras, mas cuidadosamente cronometradas – e presumiam o mesmo de seus colegas da Ásia. Os engenheiros indianos iam com frequência à casa de chá, em geral em duplas, para orientar, compartilhar conhecimentos e resolver problemas. Se cada grupo houvesse entendido os processos de seus colegas do outro país, é menos provável que reclamassem e mais provável que confiassem na competência e motivação do outro.

O conhecimento refletido permite que cada subequipe perceba a imprecisão de suas percepções. Nesse caso, os dois grupos de engenheiros entenderiam que as diferentes práticas de trabalho, e não a preguiça, estavam na raiz de sua frustração e desconfiança. O conhecimento refletido permitiria a cada grupo compreender e ajustar melhor suas percepções. Se os engenheiros alemães tivessem a capacidade de ver suas práticas de trabalho pelas lentes de seus colegas indianos, poderiam refletir sobre o relativo isolamento e a maneira altamente programada como trabalhavam, e apreciar a natureza altamente colaborativa do escritório na Índia. Da mesma forma, o conhecimento refletido dos engenheiros indianos pelas lentes dos colegas na Alemanha permitiria que eles refletissem sobre as práticas organizacionais desordenadas com que trabalhavam, e apreciariam a natureza estruturada e planejada do escritório alemão. Compreender as normas do próprio escritório aumenta a empatia, a proximidade e a confiança de colegas com regras diferentes.[14]

Desenvolvemos o conhecimento refletido remotamente, prestando atenção profunda e sensível à maneira como nossos colegas de equipe trabalham: como se comunicam por e-mail ou vídeo, em que horários do dia entram e saem dos espaços virtuais compartilhados, se tendem ou não a responder às mensagens fora do horário normal de trabalho etc. Talvez um colega responda com entusiasmo a um e-mail às 21h, e outro responda no dia seguinte com um tom perceptível de estresse por ter sido acionado na noite anterior. Quando você descobre que as regras não estão alinhadas, essas observações o ajudam a adaptar seus próprios comportamentos. E quando estão, o conhecimento refletido dá a sensação de confiança, de que seus colegas o entendem mais profundamente.

Para facilitar a troca de conhecimento direto e refletido entre os membros da equipe virtual, os líderes devem criar, de maneira proativa, uma cultura grupal para interações virtuais não explicitamente relacionadas às tarefas de trabalho, usando plataformas sociais que permitam a comunicação informal diária ou horários de café ou chá virtuais que alternem entre os diversos membros da equipe, ou alocando intervalos antes e depois das videoconferências para conversas fora dos assuntos de trabalho. Cada equipe deve encontrar a

Capítulo 2

maneira mais fácil de se reunir para essas conversas. O mais importante é que todos entendam que o propósito dessas interações não é que os membros da equipe progridam nas tarefas de trabalho, mas que se conheçam como indivíduos, que façam perguntas sobre os interesses uns dos outros fora do trabalho, suas rotinas diárias, preferências, seus espaços de trabalho etc. À medida que os membros da equipe vão conhecendo seus colegas por meio dessas conversas, vão adquirindo conhecimento direto da situação e das perspectivas de cada um e, conforme aprendem sobre si mesmos com base na perspectiva de seus colegas, obtêm conhecimento refletido.

Confiança emocional

Como desenvolvemos confiança emocional com as pessoas? Uma das formas mais poderosas é pela autoapresentação, ou o processo de se tornar conhecido pelos outros. Por mais de cinquenta anos, a autoapresentação foi amplamente estudada em uma variedade de contextos interpessoais, incluindo amizades, relações amorosas e terapêuticas. A maneira de aumentar a confiança entre as pessoas é fazendo todas as partes se apresentarem, o que aumenta a sensação geral de proximidade e simpatia.

A autoapresentação para suas equipes deve ser explícita, intencional e voluntária. Isso ocorre no que você diz durante as reuniões, escreve em e-mails ou chats e publica como imagens ou vídeos nas redes sociais apropriadas. É particularmente importante para trabalhadores remotos, porque indicadores sociais visualmente aparentes e outras informações observáveis usadas para construir conexão com outras pessoas são evasivas ou inexistentes. Aqui estão os elementos de autoapresentação importantes para os destinatários:[15]

- **Profundidade:** nível de intimidade transmitido;
- **Amplitude:** quantidade de informações divulgadas;
- **Duração:** duração da interação;
- **Reciprocidade:** se a abertura é unilateral ou uma troca;
- **Veracidade:** quanta "autenticidade" as informações aparentam ter;
- **Atribuição:** se a informação se destina exclusivamente ao destinatário;
- **Descritivo vs. avaliativo:** por exemplo, "jantei" *vs.* "gosto de comida *Habesha*";
- **Pessoal vs. relacional:** por exemplo, "gosto de frutos do mar" *vs.* "gosto de comer frutos do mar *com você*".

Isso significa que, para que a proximidade emocional se desenvolva, precisamos compartilhar um pouco de nós mesmos nas conversas casuais que podem ocorrer no início ou ao final das reuniões de grupo, ou no decorrer das comunicações digitais com colegas de trabalho individualmente. "Não posso me reunir nesse horário porque tenho que levar meu carro ao mecânico."; "eu teria mandado isto antes, mas estou com problemas no computador."; "nosso novo cliente é de Connecticut. Fui criado lá!"; "vi a foto que você postou de Joanesburgo. Minha família morou na África do Sul durante um ano". Quanto mais você descobre sobre alguém, mais probabilidade tem de gostar da pessoa, e mais próximos vocês se sentirão. Sem esse

Capítulo 2

compartilhamento, especialmente no trabalho remoto, você acaba com um relacionamento transacional unidimensional que trata apenas da tarefa em questão. Ao contrário do que acontece frente a frente, quando o tempo ocioso que você passa com seus colegas de trabalho inevitavelmente leva a descobertas aleatórias de uns sobre os outros – por exemplo, que um colega sempre faz um cappuccino às sextas-feiras às quatro em ponto. No formato remoto, você tem que prezar o compartilhamento dessas peculiaridades e desses hábitos.

Obviamente, a autoapresentação também exige que façamos julgamentos sobre os limites do que é ou não aceitável em contextos específicos, e do grau de informação pessoal que nos sentimos à vontade para divulgar. Por exemplo, você pode não querer compartilhar com sua equipe de marketing todos os detalhes sangrentos de sua cirurgia recente, mas essa provavelmente seria uma informação apropriada para uma teleconsulta com seu médico. Embora queiramos ser autênticos na forma como nos apresentamos aos outros, certos comentários, em geral ofensivos (por exemplo, sexistas), nunca são aceitáveis.

Construindo a confiança com clientes a distância

Como qualquer líder sabe, desenvolver a confiança internamente – entre colegas, chefes e subordinados diretos – é fundamental. O mesmo se aplica a parceiros externos, em especial clientes. Como construímos relacionamentos de confiança com nossos clientes e parceiros externos se os mecanismos usuais para estabelecer a confiança emocional e cognitiva – visitas ao escritório, almoços e jantares de negócios, conferências – não são mais viáveis?

John (pseudônimo) é um líder que descobriu maneiras de usar a mídia digital para construir relacionamentos de confiança com clientes remotos com eficiência. Sua equipe tem como objetivo ajudar os clientes a gerenciar seus ativos líquidos de 5 milhões de dólares ou mais. No trabalho de consultoria que fazem, precisam adaptar estratégias de investimento para atender às necessidades e aos interesses exclusivos dos clientes. No cerne desse trabalho está o desenvolvimento da confiança emocional com os clientes.

Tradicionalmente, o desenvolvimento da confiança e o estabelecimento de relacionamentos com clientes de ponta são feitos cara a cara. No entanto, cada vez mais, os métodos tradicionais de "alto contato", em pessoa, estão se tornando menos viáveis. Mesmo antes de a pandemia de covid-19 eliminar quase toda oportunidade de contato pessoal, os cortes no orçamento e o aumento do custo das passagens aéreas e outras despesas limitaram o contato pessoal dos clientes a duas ou três vezes por ano, o que era insuficiente para desenvolver e manter a confiança. O grupo teve que adotar estratégias virtuais, que, por um lado, são mais convenientes, mas, por outro, requerem mais criatividade, tempo e propósito. Aqui, John está desenvolvendo uma relação de confiança que não é nem rápida nem aceitável; portanto, é um testemunho de que a confiança cognitiva padrão e emocional duradoura pode ser nutrida virtualmente.

John e sua equipe entenderam que seria necessário aumentar a frequência de contatos valiosos. Esses contatos, ou acompanhamentos pontuais, podem ser criados usando uma variedade de ferramentas digitais, incluindo mídia social, videoconferência e e-mail. O objetivo é conseguir criar oportunidades para um maior número de

Capítulo 2

interações diversas. A segunda necessidade era a aparência apropriada, ou encontrar maneiras de manter uma conversa virtual parecer o mais presencial possível, o que significa vestir-se de acordo, seja de maneira mais formal ou mais casual, e encontrar a iluminação adequada para que seu rosto fique o mais claro e comunicativo possível. Outro aspecto crucial para desenvolver essa confiança são a concisão e a precisão. Ao contrário de uma reunião presencial, em que se pode fazer uma apresentação extensa, ao interagir virtualmente é preciso identificar os detalhes essenciais e comunicá-los com clareza em apenas algumas linhas. Para John, pode ser tão simples quanto folhear um jornal e comparar os *insights* com o conteúdo do portfólio do cliente, condensar as descobertas em três linhas e fazer o acompanhamento imediato com uma ligação. Mas também pode optar por um lado mais criativo: seguindo uma sugestão de outros ramos, ele e sua equipe criaram vídeos curtos e coloridos, na mesma linha dos muitos vídeos populares de "como fazer alguma coisa", que expõem os detalhes de um novo produto em muito menos tempo e de maneiras muito mais envolventes que uma apresentação tradicional. Todos os métodos acima servem para desenvolver a confiança cognitiva do cliente, reforçando a impressão de que John e sua equipe são suficientemente confiáveis, experientes e bem informados para gerenciar milhões de dólares.

John também encontrou maneiras de fazer contatos de caráter emocional. Por exemplo, a equipe dele organizou virtualmente uma surpresa especial de aniversário para um cliente. Encomendaram um arranjo em uma floricultura, que notificou a equipe de que ia entregar as flores. John ligou para o cliente um instante antes de a entrega chegar. Quando a campainha tocou, o cliente pediu licença para atender à porta. Ver o rosto da pessoa em tempo real e estar com ele quando o presente chegou fortaleceu o relacionamento de forma única, emocional. Em outra ocasião, um colega de equipe enviou máscaras a um cliente no auge da pandemia de covid-19. Isso foi especialmente significativo, pois o cliente estava aflito para encontrar máscaras para ele e sua família. Esse gesto de preocupação aumentou a confiança emocional do cliente, que reagiu enviando imediatamente fundos para um produto que estava em discussão. John e sua equipe também recorreram à sua rede profissional para criar novas maneiras de manter mais contato social com seus clientes. Por exemplo, foram criados "grupos de interesse" privados nas redes sociais sob medida. Os interessados em vinhos são convidados para uma degustação virtual, na qual cada um recebe uma seleção de vinhos e é convidado para uma videochamada, junto com um *sommelier* profissional e os membros da equipe de trabalho. Já os interessados em tênis ou golfe recebem vídeos curtos e personalizados com jogadores profissionais. Embora não sejam explicitamente focadas em vendas, essas interações personalizadas e bastante adaptadas são essenciais para desenvolver, a distância, um relacionamento rico e confiável que pode aumentar a curva de confiança – que, por sua vez, paga dividendos em relacionamentos de trabalho mais adiante.

A confiança é a cola que une os grupos virtuais e garante o sucesso do trabalho. Haverá momentos em que ideias padrão e convencionais de confiança, que dependem de interações confiáveis e repetidas ao longo do tempo e de contextos compartilhados, serão necessárias para o trabalho. Outras vezes, é preciso que você

Capítulo 2

apenas confie, a menos que se prove o contrário. Como a confiança é dinâmica, e não estática, você pode usar a curva de confiança da mesma forma que usaria uma bússola, para verificar onde está no processo – alto e rápido, ou baixo e lento – e aonde gostaria de ir. Discernir a magnitude e a intensidade da confiança necessária em determinada situação deve acontecer com pouco contato cara a cara. A curva de confiança no trabalho remoto é uma ferramenta que permite determinar do que você precisa e quanto tempo levará para conseguir.

Sucesso de qualquer lugar: desenvolvendo a confiança em equipes remotas

- **Use só o suficiente.** É crucial estabelecer uma confiança incompleta ou imperfeita que seja suficiente para obter informações ou realizar o trabalho no modelo remoto. Observe, aprenda e determine quais informações seriam suficientes para discernir que as ações ou palavras de alguém são confiáveis para o trabalho compartilhado que você precisa realizar.

- **Espere o melhor.** Se necessário, você pode rapidamente desenvolver confiança suficiente aos membros da equipe para cumprir uma tarefa compartilhada. Verifique as informações de que precisa para determinar a competência de cada colega de trabalho e oferecer confiança restrita, enquanto vai coletando informações sobre manter a confiança ou não.

- **Adquira conhecimento direto** para entender melhor o contexto em que o trabalho dos membros da equipe é suficiente para aumentar a confiança do relacionamento.

- **Estude seu próprio reflexo.** O desenvolvimento de um olhar empático que lhe permite ver como os outros enxergam você e suas ações gera informações poderosas que podem ajudá-lo a cultivar relacionamentos de confiança significativos.

- **Compartilhe.** Muito mais difícil de fazer sem o benefício do tempo e da proximidade mútua, a confiança emocional transmite a sensação de cuidado mútuo e preocupação entre os colegas de trabalho, com base em laços emocionais positivos compartilhados. Você alcança isso se abrindo com os membros da equipe para que saibam quem você é e como é. Compartilhar informações autobiográficas ajuda a se aproximar da equipe, cultivando, assim, a confiança emocional.

- **Crie novos caminhos.** Fique atento às necessidades de seus clientes e crie experiências virtuais que promovam a confiança cognitiva e emocional. Você precisará de ambas. As ferramentas digitais podem criar experiências significativas com os clientes de maneira única, que mostrarão que você se preocupa e que é confiável.

Capítulo 3

Minha equipe pode mesmo ser produtiva remotamente?

Se você for como a maioria das pessoas que trabalha em equipes remotas, deve estar preocupado com a produtividade. Como medir a produtividade? Como acompanhar o trabalho? E se as pessoas se distraírem ou ficarem preguiçosas longe do escritório? Netflix, animais brincalhões, tarefas pessoais ou socialização descontrolada podem levar as pessoas a deixar de trabalhar. Mesmo os mais bem-intencionados podem não estar à altura dos desafios físicos e psicológicos de trabalhar com consistência em casa.

Trabalhar remotamente, seja em período integral ou de forma híbrida, pode causar preocupações sobre sua equipe entender que vocês estão trabalhando de maneira responsável e comprometida. Você pode encontrar dificuldade para se manter conectado com o resto das pessoas, ou para que sua casa permita o foco e a concentração de que precisa para trabalhar. Você consegue manter autodisciplina e foco suficientes? Ou está trabalhando 24 horas por dia, preocupado com o preço que a alta produtividade pode cobrar nas relações familiares e na vida fora do trabalho?

Os gestores se preocupam com a capacidade da equipe remota de cumprir as metas organizacionais, além do fato de serem responsáveis por elas. Sem a capacidade de ver as equipes em ação ao vivo, eles podem se preocupar com o pior cenário possível. Embora a mudança em massa de uma equipe para o trabalho remoto sem dúvida seja difícil, a verdade é que a maioria dos gestores tem poder limitado sobre a produtividade dos funcionários, mesmo no modelo presencial. As equipes nem sempre entregam os relatórios dentro dos prazos acordados, o novo software dá problema, os clientes estão insatisfeitos com os representantes do serviço... A menos que você seja o chefe de uma fábrica do século XIX, sentado em uma sala de vidro acima dos trabalhadores na linha de produção lá embaixo, ter controle total sobre o que seus funcionários fazem ou deixam de fazer está tão longe quanto a era industrial. No entanto, os temores sobre a gestão de equipes remotas levaram muitas empresas a instalar tecnologias de monitoramento para manter os funcionários produtivos a distância.

Neste capítulo, veremos primeiro como as tecnologias de vigilância e as ferramentas de rastreamento tendem a sair pela culatra. Em seguida, vamos analisar a questão mais ampla do que torna as equipes produtivas, examinando as conclusões alcançadas pelo falecido e influente sociólogo e especialista pioneiro em equipes J. Richard Hackman, que fez de sua missão de vida descobrir que *condições* geram equipes produtivas e bem-sucedidas. O trabalho remoto, de uma forma ou de outra, existe há décadas, o que significa que conseguimos reunir muitos dados sobre tal produtividade – dados que discuto para demonstrar que, na verdade, existem muitas boas notícias. De que as pessoas precisam para trabalhar de forma produtiva quando estão fora do escritório? Ainda que, normalmente, elas valorizem a autonomia e a flexibilidade que o trabalho remoto proporciona, podem ter que se esforçar para se sentir conectadas à equipe, para estabelecer limites entre a vida profissional e doméstica, e para enfrentar condições domésticas que desafiam o foco e a concentração. No final do capítulo, você encontrará conselhos para criar as condições para tornar os trabalhadores remotos produtivos.

Vigilância para produtividade

Imagine o choque de uma funcionária de 25 anos de uma empresa de *e-commerce* ao abrir um e-mail de seu gestor pedindo que ela instalasse um software que rastreia os toques em seu teclado e os sites que ela visita em seu computador pessoal. Ela ficou ainda mais chocada quando leu no restante do e-mail que, além do software, deveria baixar um rastreador GPS em seu celular pessoal. Essas medidas tinham como objetivo garantir a produtividade da empresa acompanhando o comportamento de trabalho dos funcionários o dia todo.[1]

Uma funcionária de outro lugar descreveu a vergonha e a ansiedade que sentiu quando sua empresa começou a usar um equipamento que tirava fotos dela ao computador a cada dez minutos, para desencorajar o tempo ocioso no trabalho remoto. O equipamento

Capítulo 3

também monitorava a duração das pausas e exibia uma mensagem pop-up um minuto antes do horário em que deveria retomar o trabalho, se não quisesse uma pausa em seu registro diário de horas. Como horista, essas pausas afetavam seus ganhos. A ameaça iminente do pop-up a preocupava constantemente, mesmo que se afastasse do computador só para ir ao banheiro ou atender a um telefonema que não fosse diretamente relacionado ao trabalho.

Em uma agência de tradução na Austrália, os gestores podem ver cada janela aberta nos computadores de seus contratados a cada minuto do dia. Cada movimento do cursor é examinado. E-mails de controle inundam as caixas de entrada, com expectativa de respostas imediatas. Ironicamente, essas medidas draconianas não existiam quando todos compartilhavam um espaço físico. O medo que as empresas têm de que os trabalhadores se tornem desonestos quando não supervisionados surge da necessidade de melhorar metas sem observar, ao vivo, a rotina diária para alcançá-las.

Os fornecedores dessas ferramentas de monitoramento se referem a elas como "tecnologias de conscientização". Os negócios de uma empresa sediada em Connecticut triplicaram quando a covid-19 levou milhões de pessoas para casa. A simples presença das ferramentas, argumenta a empresa, efetivamente restringe a tendência das pessoas de negligenciar suas responsabilidades profissionais se não forem controladas. Eufemismos à parte, as entrelinhas são claras: se o chefe não ficar de olho, os funcionários vão relaxar. O diretor de uma empresa de marketing de mídia social parecia concordar com essa premissa. Depois que perdeu de vista seus funcionários, que começaram a trabalhar em casa, imediatamente instalou dispositivos de monitoramento digital, em uma tentativa de evitar a repentina incerteza que surgiu por não conseguir ver o que estava acontecendo, e amenizar as preocupações sobre a consequente perda de produtividade.[2] No entanto, os defensores da privacidade se irritam com o aumento – e potencial permanência – da vigilância digital na vida dos trabalhadores, enquanto os fornecedores de monitoramento elogiam as ferramentas como um desencorajador útil, e os gestores ficam reconfortados com a oportunidade de coletar dados sobre a produtividade dos funcionários.

Nem todas as ferramentas de rastreamento para o trabalho remotos são consideradas mecanismos para policiar comportamentos. Alguns gestores tentam recriar a companhia constante de que os funcionários desfrutavam em um espaço compartilhado, exigindo que câmeras e microfones permaneçam ativados durante toda a jornada de trabalho remoto. A ideia é que a presença audiovisual de colegas de equipe, mesmo que limitada a uma janela dentro de uma tela de computador, pode romper o isolamento inerente ao trabalho remoto e permitir que os funcionários se envolvam em interações espontâneas.

Instaladas explicitamente como um controle de produtividade, ou rotuladas de um jeito mais inofensivo como um facilitador passivo para conexão constante, os funcionários desprezam as ferramentas de vigilância. A experiência os constrange a ponto de aumentar a ansiedade e os desmoraliza a ponto de perder a lealdade para com o empregador. Muitos toleram a intrusão por medo de perder o emprego caso a recusem, especialmente porque a economia não está favorável. Quem pode sair da empresa, em geral, sai. Uma análise da

Accenture descobriu que os funcionários ficavam muito estressados e se sentiam impotentes sob o olhar das ferramentas de monitoramento.[3] Uma pesquisa conduzida pela Deloitte descobriu que *millennials* tinham a intenção de sair de empresas que, para eles, pareciam dar mais importância aos lucros que ao bem-estar das pessoas.[4] Na verdade, o estudo descobriu que as ferramentas eram perturbadoras até mesmo para aqueles que deveriam se beneficiar da vigilância, por assim dizer. Setenta por cento dos executivos do alto escalão pesquisados sentiam-se pouco à vontade com o uso dos dados de vigilância.

Os líderes precisam reconhecer os riscos associados à supervisão digital. Mesmo tendo a melhor das intenções, *por definição*, a vigilância digital transmite uma falta de confiança entre empregadores e funcionários, especialmente se essas ferramentas forem uma tentativa de estabelecer o controle após uma mudança repentina para o trabalho remoto. Quando você sinaliza desconfiança para os funcionários, acaba com a base do trabalho em equipe eficaz. De que servem as "tecnologias de conscientização", ou qualquer tentativa de aumentar a produtividade, se as condições mais básicas para uma equipe produtiva não existem?

Avaliação da produtividade da equipe

É impossível falar sobre equipes e sua produtividade sem entender o trabalho de J. Richard Hackman. Ninguém entendeu a dinâmica da equipe como ele. Conhecido por entrar em cabines de aviões ou ir em busca da verdade sobre as equipes nos lugares mais inesperados, por quatro décadas ele examinou grupos de todos os contextos imagináveis: equipes *C-level* de grandes corporações, orquestras, inteligência analítica, atendimento hospitalar, tripulações de voo e muito mais. Em Harvard, onde integrou o corpo docente por muitos anos, sua crença no desenvolvimento de pessoas era lendária. Sua presença enchia uma sala, sua voz profunda chamava a atenção e, por algum motivo, cada vez que eu o via, fosse liderando um seminário ou em uma conversa individual, ele parecia estar em um debate intelectual, argumentando ferozmente com evidências empíricas intermináveis. Depois de sua morte, fiquei surpresa ao saber que ele tinha apenas pouco mais de um 1,80 m, pois sua presença imponente o fazia parecer mais alto. Ele influenciou profundamente meu pensamento, como também influenciou pelo menos duas gerações de estudantes e equipes.

Hackman estabeleceu que o desempenho da equipe pode ser avaliado por um conjunto específico de padrões. Uma de suas contribuições mais duradouras inclui três critérios para estabelecer resultados bem-sucedidos aplicáveis para equipes em todas as empresas, independentemente do setor ou contexto.[5]

1. Entregar *resultados* ou atingir as metas esperadas;

2. Facilitar o *crescimento individual* ou a sensação de bem-estar e desenvolvimento pessoal;

3. Construir a *coesão da equipe* ou garantir que opere como uma unidade.

Como vou descrever mais adiante, esses critérios são cruciais para explicar o fracasso que o monitoramento em nome da produtividade representa para os trabalhadores remotos e suas empresas.

Capítulo 3

Entregar resultados é uma das questões fundamentais que você provavelmente levará em conta ao avaliar a produtividade. Para projetos focados no cliente, equipes eficazes entregam, com sucesso, bens ou serviços relevantes. Para projetos internos, equipes eficazes cumprem suas funções necessárias, equipes estratégicas desenvolvem estratégias com sucesso, equipes de operações administram operações com sucesso, equipes de tecnologia implementam tecnologias com sucesso e assim por diante. Obviamente, não existe uma descrição única que defina exatamente o que constitui a entrega "bem-sucedida" de um projeto, ou o cumprimento de uma função definida. Uma equipe de produto pode levar seu produto ao mercado dentro do orçamento e de um prazo, atendendo às expectativas da liderança e das partes interessadas, mas sacrificar a qualidade e decepcionar os clientes. As equipes individuais devem definir as metas esperadas para si mesmas.

A segunda medida fundamental do desempenho da equipe implica experiências individuais. Em equipes de sucesso, as pessoas aprendem e sentem que os outros membros se preocupam com seu bem-estar ou seu *crescimento individual* como uma parte de estar na equipe. O trabalho em equipe, portanto, oferece oportunidades para que cada pessoa amplie seus conhecimentos, adquira novas habilidades e seja exposta a novas perspectivas. Mesmo que essas oportunidades não tenham um efeito direto nos resultados mensuráveis da equipe, o crescimento individual, em geral, leva ao aumento da satisfação no trabalho que, por sua vez, aumenta a produtividade da equipe. Na ausência desse critério, as pessoas podem desenvolver sentimentos negativos. Quase todos já trabalharam em uma situação em que sentem não estar se desenvolvendo e que suas emoções não são atendidas dentro da equipe. Consequentemente, é provável que seu envolvimento diminua. Para que as equipes sejam eficazes, cada membro deve sentir otimismo em relação a seu papel individual, o que pode oferecer à equipe e o que esta pode lhe oferecer.

A medida final, *coesão da equipe*, avalia até que ponto os membros operam como um. Aprender a trabalhar junto como um grupo, em vez de como indivíduos trabalhando em silos, é o que gera uma equipe coesa. O ingrediente-chave para esse processo de aprendizagem é a conexão social. Os membros da equipe devem se sentir suficientemente conectados para colaborar de forma eficiente como um grupo único. Muitas vezes, esse processo leva tempo. Por meio da experiência de trabalho conjunto, os membros da equipe podem desenvolver estratégias que aprimoram a coordenação, desenvolvem habilidades coletivas e maximizam a eficiência da equipe.

O trabalho remoto aumenta a produtividade

A boa notícia: os medos que geram a reação instintiva de alguns gestores de usar ferramentas de vigilância são infundados. Estudos mostram que o trabalho remoto não representa uma ameaça à produtividade; na verdade, ele a *aumenta*. Os gestores que adotam estratégias de policiamento deixam de perceber um fato importante sobre a produtividade: que ela decorre da tríade 1- resultados da equipe, 2- crescimento individual e 3- coesão da equipe. Como ilustrarei no restante deste capítulo, os recursos do trabalho remoto se alinham a essa tríade de várias maneiras. Quando se trata da conexão entre

Capítulo 3

os resultados da equipe e crescimento individual, por exemplo, trabalhar de casa oferece aos funcionários mais flexibilidade na organização de horários, dá a eles mais autonomia sobre seu ambiente de trabalho (não há mais guerras pelo controle do ar-condicionado) e economiza tempo nos deslocamentos. Mais adiante neste capítulo, vou compartilhar as principais práticas necessárias para aumentar a produtividade remotamente.

Primeiro, vamos revisar brevemente nosso entendimento sobre produtividade. Empresas e acadêmicos têm estudado a eficácia do trabalho remoto moderno por quase três décadas. Com moderno, quero dizer compromissos profissionais virtuais que são habilitados por ferramentas digitais (só para esclarecer, não o trabalho distribuído do final dos anos 1600, quando comerciantes de Londres cruzavam o Atlântico para se reunir com colonos na costa norte-americana). Como mencionado na Introdução, os criadores de produtos de tecnologia foram os primeiros a fazer experiências com equipes remotas modernas. Quando a Cisco lançou um programa remoto no Vale do Silício em 1993, mais de 90% de seus funcionários participaram do grande experimento de trabalhar de qualquer lugar. As pessoas tinham a liberdade de escolher o local desejado para trabalhar – cafés, mesas de cozinha ou até o escritório eram opções aceitáveis. Não demorou muito para a Cisco colher os benefícios financeiros da economia na manutenção de bens imobiliários robustos com menos pessoas no local de trabalho oficial. Para a empresa, o aumento no foco e na dedicação que o trabalho remoto inspirou representou, em uma década, uma economia de 195 milhões de dólares e um aumento na produtividade.[6]

Outra empresa de tecnologia, a Sun Microsystems (uma década antes de ser adquirida pela Oracle em 2009), criou uma mão de obra diversificada que precisava trabalhar em vários fusos horários e várias funções em seus locais de trabalho.[7] Junto com as necessidades exclusivas de uma estrutura de equipe distribuída, os funcionários também expressaram o desejo de acordos profissionais mais flexíveis. É por isso que, a partir de 1995, o alto escalão da Sun começou a debater as possíveis opções, projetando e lançando um programa remoto que chamaram de "Open Work". Os líderes concluíram que precisavam permitir que os funcionários trabalhassem de qualquer lugar, a qualquer hora, usando qualquer tecnologia. Na época, essa foi considerada uma ideia bastante incomum.

Semelhante à iniciativa da Cisco, o Open Work combinou uma abordagem de três frentes que envolvia tecnologias, ferramentas e processos de suporte, nessa ordem. Lembre que, em 1995, a conexão para acessar a internet era um desafio. Os celulares não eram amplamente usados, bluetooth e nuvem ainda não existiam. Logo, o Open Work ofereceu um conjunto de tecnologias facilitadoras conhecido como "mobilidade com segurança", graças à qual as pessoas se deslocavam entre locais de trabalho e tinham acesso móvel consistente para seu computador pessoal. A segunda ideia nova para a época era o acesso a locais de trabalho no dia a dia, como o campus da Sun, um escritório, um hotel ou um cliente. Terceiro, os funcionários podiam trabalhar de casa ou de um espaço da Sun quando um local alternativo fosse necessário. Para tornar o Open Work acessível, a empresa forneceu aos seus funcionários ajuda de custos para pagar internet, telefone e ferramentas. Hoje, os locais de trabalho compartilhados pela comunidade são um negócio próspero e um estilo de vida. Pouco antes de decretado o isolamento em Massachusetts, a Staples local foi reformada para incluir um belo espaço de trabalho compartilhado que continha uma sala gratuita para reuniões da comunidade. Mas 25 anos atrás, uma empresa como a Sun achou necessário desenvolver um treinamento para ajudar as pessoas a se adaptar à nova forma de trabalhar.

Depois que o acordo alternativo foi lançado, cerca de um terço dos funcionários da Sun decidiu aderir, o que significava que eles não usariam seus respectivos prédios em um dia de trabalho normal. Aparentemente, o acordo fez sucesso, porque esse número quase dobrou em dez anos, com cerca de 60% de participação. A Sun também se beneficiou com a redução de seus ativos imobiliários em mais de 15%, resultando em uma economia de quase meio bilhão de dólares.

Essas tendências crescentes despertaram o interesse de acadêmicos da área de administração que queriam descobrir se a experiência vivida por trabalhadores remotos era melhor ou pior que a de seus colegas que ficavam em escritórios. Um estudo levantou a hipótese de que aqueles que trabalhavam fora do escritório mostrariam um aumento na produtividade porque não tinham mais que lidar com o tempo e o estresse inerentes ao deslocamento, e que os acordos de trabalho convenientes aumentariam a satisfação profissional das pessoas, desde que tivessem um bom relacionamento com seus colegas de equipe. A hipótese do estudo estava correta. Os funcionários remotos adoraram as conveniências logísticas. Não havia mais a ansiedade em chegar pontualmente às reuniões da manhã, ficar olhando para semáforos demorados ou desviar de motoristas impacientes que mudam de faixa sem cuidado nos congestionamentos. Não havia mais dor nas costas causada pelo banco do motorista pequeno ou por um ônibus lotado. O estudo comprovou que funcionários remotos que conseguiam chegar ao trabalho no tempo que levavam para ir da cozinha até a mesa tinham produtividade 30% maior que os demais.

Isso seria um fenômeno dos Estados Unidos ou os mesmos ganhos de produtividade emergiriam em um contexto cultural diferente? Como um experimento de trabalho remoto pode ser feito em uma empresa chinesa, onde existem diferentes normas culturais para definir distinções entre as necessidades individuais e coletivas nas organizações? Um grupo de economistas se uniu para avaliar os benefícios que as práticas do home office podem ter sobre o desempenho e a produtividade da maior agência de viagens da China, a Ctrip.[8] Um dos autores do estudo, James Liang, foi cofundador da empresa, portanto, tinha grande interesse na questão. Curiosamente, quando perguntaram a 996 funcionários do call center de Xangai se estavam interessados em trabalhar de casa, cerca de metade expressou interesse, mas apenas 249 atenderam às qualificações da empresa de ter estabilidade de pelo menos seis meses, tecnologia de banda larga e um espaço reservado para trabalhar em casa. Os pesquisadores escolheram, aleatoriamente, estudar 125 funcionários que trabalhavam de casa enquanto a outra metade continuava indo para o escritório. Nada mais mudou. Cada grupo continuou com suas responsabilidades de cuidar dos clientes nos nove meses seguintes.

O que descobriram nove meses depois? Trabalhar de casa não era apenas desejável, mas, comparando o tempo que cada grupo passava

Capítulo 3

conectado para receber chamadas, descobriram que os funcionários remotos aumentaram a produtividade em 13% em comparação a seus colegas. Quando analisaram a rotatividade, descobriram uma queda de 50% em comparação com o grupo que continuou no escritório. Ao longo do experimento, a Ctrip aumentou a produtividade total em 20%-30% e economizou cerca de 2 mil dólares por ano por funcionário que trabalhava remotamente, em especial pela redução no espaço do escritório, aumento de desempenho e redução da rotatividade. Animado com os resultados, o escritório estendeu a todos a opção de trabalhar remotamente. O desempenho dobrou para 22% para aqueles que aceitaram a oferta.

Os exemplos que forneci até agora mostram com clareza a produtividade e os benefícios financeiros do trabalho remoto em setores com fins lucrativos, em que o desempenho é medido em detalhes de acordo com vários critérios. Suponhamos que os funcionários trabalhassem para o governo federal e, portanto, não precisassem se preocupar com o desempenho trimestral. O acadêmico Raj Choudhury, junto com seus sócios Cirrus Foroughi e Barbara Larson, procurou a Agência de Marcas Patentes dos Estados Unidos (USPTO) para checar se os examinadores que trabalhavam remotamente eram mais produtivos em um contexto governamental.

A USPTO é uma agência do governo federal norte-americano com sede em Alexandria, Virgínia, e está distribuída em onze edifícios. Sua principal obrigação é cumprir o artigo da Constituição dos Estados Unidos que diz "promover o progresso da ciência e das artes úteis, garantindo, por um período limitado, aos autores e inventores, o direito exclusivo às suas respectivas escritas e descobertas".

Quando os cidadãos têm uma ideia excepcional que desejam proteger, precisam ir à USPTO e trabalhar com um dos examinadores de patentes designados para seu caso. Com base em minha própria experiência para obter a patente de meu software de simulação de colaboração global, posso dizer que a requisição de uma patente pode levar anos para ser processada. Os examinadores são pessoas qualificadas, mas não têm pressa em finalizar os requerimentos. Formulários extensos, detalhados e altamente técnicos devem ser cuidadosamente revisados para aprovação por diversos canais, o que representa várias oportunidades de paralisação ou gargalo.

Choudhury e seus colaboradores tiveram a oportunidade de analisar dois programas remotos na USPTO. O primeiro era um formato de trabalho de qualquer lugar, com funcionários que moravam a aproximadamente 80 km do escritório. O segundo era uma opção de trabalhar de casa até quatro dias por semana. Os funcionários precisavam ter pelo menos dois anos de desempenho satisfatório para participar. Cerca de oitocentos examinadores de patentes preencheram os critérios e participaram do estudo. Quando o programa "trabalhar de qualquer lugar" foi comparado ao "trabalhar de casa", encontraram um aumento de 4,4% na produção do grupo que tinha a liberdade de escolher onde passar sua jornada de trabalho.[9] Mais uma vez, vemos um claro aumento na produtividade. Mas, mais precisamente, também vemos quanto as pessoas valorizam a liberdade de escolher seus métodos remotos. O desejo de autonomia no trabalho é um padrão consistente e marcante que identificamos, e para o qual o trabalho remoto é particularmente adequado.

Capítulo 3

Trabalhadores remotos precisam de autonomia

A marca registrada do sucesso do trabalho remoto é a capacidade de autogerenciar e capitalizar o dom de administrar seus próprios processos. A percepção de Hackman sobre a importância do crescimento individual se estende à necessidade dos funcionários remotos de escolher onde e como trabalhar. Na verdade, décadas de estudos sobre o trabalho remoto identificam a autonomia como fundamental para a satisfação e o desempenho profissional. Quando falo em autonomia me refiro à capacidade de autoadministração. No modelo remoto, isso se traduz em flexibilidade no momento e na localização do trabalho. Com exceção de períodos que exigem esforços coordenados com colegas de equipe, ter controle sobre onde, quando e como você trabalha é muito importante, e por um bom motivo. Isso sinaliza confiança e confiabilidade (que, por sua vez, aumenta a autoconfiança), permite a propriedade sobre os projetos (o que aumenta o investimento pessoal no sucesso do projeto) e a adaptação da sua jornada de trabalho de acordo com cronogramas individuais (o que gera mais eficiência).

Este último benefício – flexibilidade de programação – é particularmente valioso para trabalhadores remotos que precisam gerir as demandas profissionais e familiares ao mesmo tempo, e com frequência é apresentado como um de seus benefícios mais atraentes. O monitoramento que descrevi no início do capítulo tem exatamente o efeito oposto ao que a autonomia proporciona. Ao sinalizar que os funcionários não são confiáveis, a vigilância influencia projetos de equipe e força os dias de trabalho a uma programação fixa.

É o epítome da hipercorreção – uma camisa de força que protege contra o improvável pior cenário, eliminando qualquer potencial de movimento.

A autonomia de fato molda as experiências de trabalho e os resultados individuais? Alguns funcionários foram entrevistados para um estudo desenvolvido em uma grande empresa de telecomunicações.[10] Dos participantes do estudo, 83 eram trabalhadores remotos, e 144, não. Os remotos relataram muito mais autonomia, mais projetos colaborativos interdisciplinares e mais perspectivas de avanço na carreira, e significativamente menos tempo gasto no que se chama "tensão" pelo conflito trabalho-família que seus colegas no escritório. O estudo sugere que o aumento da flexibilidade e do controle sobre os acordos de trabalho pode ter sido a razão para a diminuição dos conflitos trabalho-família. Além disso, apesar de sentirem que receberam menos apoio na carreira, provavelmente porque passaram pouco tempo com gestores, os funcionários remotos não relataram nenhuma barreira para suas oportunidades de mobilidade profissional.

Com a autonomia, ou capacidade de autogestão, vem também a capacidade de assumir compromissos. Normalmente, quando as pessoas se sentem mais comprometidas com algo – uma organização, uma causa, uma ideia –, trabalham mais para atingir seus objetivos. O comprometimento é um agente importante para a retenção de funcionários, e a retenção é boa para a produtividade, pois as empresas não precisam recontratar e retreinar e podem confiar em funcionários experientes. Estudos confirmam que quando as pessoas têm a oportunidade de trabalhar virtualmente e a flexibilidade para

Capítulo 3

organizar as tarefas, ocorre um aumento no comprometimento com a empresa e no desempenho, e uma menor probabilidade de atrito. No entanto, a sensação de exaustão enfraqueceu esses resultados.[11] Não é de surpreender que a exaustão possa apagar a sensação de controle, que é fundamental para quase toda satisfação no trabalho. Da mesma forma, a exaustão pelo volume de atividades também pode corroer a flexibilidade que os trabalhadores remotos valorizam.

Uma equipe de estudiosos questionou se os problemas de autonomia seriam diferentes se os funcionários remotos fizessem parte de uma força de trabalho grande e distribuída nos Estados Unidos, em vez de uma equipe menor. Eles usaram pelo menos três métodos para estudar o comportamento e a produtividade dos funcionários, incluindo enquetes, entrevistas e avaliações de desempenho dos gestores. O estudo envolveu cerca de mil funcionários ao longo do tempo. Alguns trabalhavam remotamente, outros não. Consistente com os padrões de estudos anteriores, os estudiosos concluíram que os funcionários que perceberam um maior controle psicológico do trabalho tinham significativamente menos intenção de rotatividade, conflitos família-trabalho e depressão.[12]

As condições de trabalho devem ser favoráveis

Sean é um engenheiro de software que trabalha remotamente para uma empresa de videogames. Praticamente desde sempre, Sean ama duas coisas: programação e videogames. No trabalho, a equipe adorava sua habilidade fantástica de resolver qualquer quebra-cabeça técnico. Ele se aprofundava em qualquer problema de maneira implacável.

Gostava de trabalhar com sua equipe. Como um jovem adulto, ele sempre foi capaz de esquecer o mundo e ficar sentado durante horas, absorto em sua programação criativa. Às vezes se esquecia de tomar café da manhã e almoçar. Focado na tela como uma mira de lesar, ele era capaz de lidar, impecavelmente, com milhares de linhas de código. A vida mudou para Sean quando se casou com sua namorada da faculdade. O casal teve dois filhos – um menino e uma menina. Sean amava sua família, programação e videogames, nessa ordem. Mesmo assim, começou a ficar cada vez mais insatisfeito com as condições de sua casa. O hiperfoco de que ele dependia para ajudar sua equipe e cumprir as responsabilidades não existia mais. Sua esposa reclamava que ele estava sempre concentrado no trabalho, inclusive na hora das refeições, e ele ficava irritado com as interrupções constantes causadas por questões domésticas aparentemente triviais. O espaço era um problema, o barulho era constante. Sua situação financeira não permitiria mudar a situação da casa. Pela primeira vez em sua carreira profissional, ele pensou em abandonar o acordo de trabalho remoto que tinha. Os limites entre o lar e o trabalho estavam confusos.

Sean não foi o único que teve dificuldade ao tentar conciliar o trabalho e a vida doméstica. Milhões de pessoas no mundo todo sofreram isso quando as normas de isolamento foram determinadas durante a pandemia de covid-19. Isso pode ser disruptivo quando estamos acostumados a traçar uma linha entre nossa vida doméstica – que tende a ser relativamente privada para a maioria de nossos colegas de trabalho, pelo menos em certas culturas – e nossa esfera profissional. É claro que esperamos e presumimos que nossos empregadores se preocupam com nosso bem-estar, mas eles só podem

Capítulo 3

se meter em nossa vida até certo ponto. Minha colega Lakshmi Ramarajan sempre defendeu que a identidade das pessoas é multifacetada. Profissionais podem se definir, ao mesmo tempo, como, por exemplo, especialistas técnicos, contribuintes da força-tarefa, membros de um grupo nacional e pais. Como você deve saber, múltiplas identidades podem trazer vantagens – a vida é mais rica, o mundo é maior –, mas também podem representar batalhas para pessoas que tentam conciliar ou administrar diferentes conjuntos de comportamentos e valores dentro e fora de seus círculos profissionais.

Além de outras identidades, os funcionários remotos que trabalham de casa precisam, por definição, alternar entre a vida profissional e doméstica. Embora para muitos pais o trabalho remoto permita mais flexibilidade e o tempo para a família e para os cuidados dos filhos – por exemplo, levá-los à escola e buscá-los, lições de casa e refeições –, alguns estudos descobriram que acordos de trabalho remoto podem causar mais conflito entre a vida familiar e profissional para homens que para mulheres.

As condições da casa – espaço de trabalho, infraestrutura da tecnologia, privacidade e pessoas – podem determinar se o profissional terá sucesso remotamente ou não. A flexibilidade de horário e local de trabalho que os acordos virtuais podem oferecer só é benéfica se você sentir que a situação em sua casa complementa seu trabalho, em vez de interferir nele. Claro que o tamanho da família pode aliviar ou intensificar o problema. Quem vive com menos gente sofre menos interferência. Um espaço adequado para escritórios em casa também pode determinar a satisfação. Apartamentos apertados ou espaços improvisados nos cantos dos cômodos podem ser desconfortáveis e atrapalhar a concentração. Dormir na mesma cama ou comer na mesma mesa em que se trabalha contribui para a sensação de que você está "vivendo no trabalho", em vez de "trabalhando em casa". Para Sean, as condições da casa mudaram quando crianças pequenas entraram em cena, mas para muitas pessoas, colegas de quarto ou diversas gerações vivendo juntas podem ser a condição doméstica que diminui a satisfação no trabalho.

As condições da casa influenciam o bem-estar. No geral, os estudos descobriram que a flexibilidade de tempo e o aumento nas oportunidades para equilibrar família e trabalho que esse modelo pode oferecer são benéficos para o bem-estar e, assim, para a satisfação e a produtividade da pessoa.[13] No entanto, para outros, a indefinição dos limites entre o eu profissional e o pessoal, ou as condições domésticas que interferem no foco exigido pelo trabalho contínuo, pode causar conflito e mal-estar. Em outras palavras, trabalhar em casa depende de onde você mora e com quem.

Equipes precisam de coesão

A diferença inerente entre trabalho remoto e presencial é, também, a mais evidente. Não estamos mais perto das mesmas pessoas que nos encantaram, apoiaram e/ou irritaram; não as vemos mais curvados sobre computadores ou andando pelos corredores, não ouvimos mais sua voz ecoando na sala de reuniões ou suas risadas saindo do cantinho do café. Por definição, ser "remoto" é estar distante, inacessível, desconectado. Dizer equipe remota unida parece uma contradição.

No entanto, relações de trabalho produtivas e satisfatórias não dependem da proximidade física. Sendo os membros remotos ou presenciais, a coesão da equipe é uma questão de trabalhar junta de forma colaborativa e eficiente. As pessoas sentem conexões cognitivas e emocionais entre si e se unem em torno de um objetivo comum. Entendem onde estão no arco da confiança para ajudar a se comunicar com regularidade e coordenar tarefas com clareza. Confiam umas nas outras, se valorizam e podem aprender com os pontos fortes e fracos uns dos outros. Enfrentam os conflitos e trabalham juntos para a solução. Uma localização comum não é um pré-requisito para uma equipe coesa. Pesquisadores descobriram que os trabalhadores podem colaborar de forma produtiva com uma equipe remota com apenas 10% do tempo dedicado a interações cara a cara.[14]

Para funcionários remotos, a coesão da equipe depende de dois fatores inter-relacionados: a frequência das interações com outros membros e a qualidade dos relacionamentos que essas interações formam. Mais importante que um espaço compartilhado é até que ponto as pessoas se sentem *incluídas* no grupo, reconhecidas, engajadas e atualizadas sobre o progresso da equipe. Em 2008, uma pesquisa realizada em uma grande corporação de alta tecnologia mediu a sensação de isolamento profissional entre a grande porcentagem de seus funcionários que trabalhava de casa. Adaptando o formato de um estudo estabelecido e amplamente usado chamado "Escala de Solidão da UCLA", os pesquisadores pediram aos entrevistados para ler uma série de afirmações e avaliar até que ponto elas refletiam sua experiência em uma escala de 1 a 5 – por exemplo, afirmações como "Sinto-me excluído de atividades e reuniões que poderiam melhorar minha carreira", "Sinto-me por fora das informações" e "Sinto falta do contato pessoal com colegas de trabalho". Quando compararam os resultados com as métricas de produtividade, os autores descobriram que "o isolamento profissional entre trabalhadores remotos estava negativamente associado ao desempenho no trabalho".[15]

O uso de uma medida de *solidão* para explicar o "isolamento profissional" é revelador. Nos últimos anos, pesquisas identificaram a solidão como um sério problema de saúde pública, equivalente a fumar quinze cigarros por dia.[16] A "cura", como essa pesquisa observa, são relacionamentos significativos. O que podemos aprender sobre o isolamento profissional examinando como a Escala de Solidão da UCLA definiu essa condição universal? Dos vinte itens da pesquisa, nenhum menciona proximidade física. Na verdade, uma das perguntas é se os entrevistados acham que "as pessoas estão perto de mim, mas não comigo", o que implica que uma pessoa pode se sentir solitária mesmo na presença de outras.

Em outras palavras, o isolamento profissional é uma experiência cognitiva e emocional, não uma questão física. Onde alguém está não é diretamente relevante para como se sente. Os membros de uma equipe podem se sentir lado a lado todos os dias e, ainda assim, ser estranhos. A resposta ao isolamento profissional, então, é desenvolver uma conexão cognitiva e emocional entre as pessoas, independentemente do formato físico da equipe. Quando essas conexões são fortes, a equipe é coesa. E quando a equipe é coesa, é produtiva. Na verdade, uma equipe remota coesa, com

Capítulo 3

todas as vantagens inerentes de poupar tempo e dinheiro, tem a capacidade de ser ainda mais produtiva que o seu equivalente de tijolo e argamassa.

Quando o trabalho remoto fracassa

Alguns trabalhos são mais adequados para o modelo remoto do que outros? Quando essa pergunta foi feita a 273 funcionários que trabalhavam de casa nas áreas de vendas, marketing, contabilidade e engenharia, os pesquisadores descobriram que cargos altamente complexos, que não exigiam apoio social, eram mais propícios ao trabalho remoto que ao presencial. Esse estudo também comprovou que trabalhos de baixa complexidade, que não requerem muita colaboração interativa, como centrais de atendimento, são mais produtivos quando se trabalha de casa. Mesmo para profissionais cujas funções eram mais interativas, os pesquisadores não encontraram correlações negativas entre trabalho remoto e desempenho no trabalho.[17] Em outras palavras, o modelo remoto não prejudica significativamente o desempenho em nenhum tipo de função. Para algumas, o desempenho é melhor no trabalho virtual mais extenso e, em outras, o impacto é neutro.[18] Outro estudo desenvolvido para capturar a experiência vivida e as consequências de trabalhar de casa, em comparação com o escritório, descobriu que os funcionários lidaram melhor com tarefas criativas de resolução de problemas quando trabalhavam de casa.[19] Se deixarmos de fora os ofícios que requerem toque, como salões de cabeleireiro ou estúdios de tatuagem, muitos trabalhos prosperam em um formato remoto, especialmente os que exigem profunda resolução de problemas e concentração sem distração. Engenheiros de software, designers gráficos, editores, escritores ou outros profissionais do conhecimento, que podem fazer a maior parte de seu trabalho em um computador, enquadram-se nessa categoria.

Sucesso de qualquer lugar: seja produtivo virtualmente

- **Foque no processo, e não no resultado, ao avaliar a produtividade.** Forneça a suas equipes as ferramentas e os recursos de que precisam, e acredite que terão a percepção sobre a melhor forma de atingir seus objetivos de trabalho. Os gestores devem levar a sério, como Ernest Hemingway notoriamente observou: "A melhor maneira de descobrir se você pode confiar em alguém é confiando".

- **Aproveite a flexibilidade inerente do formato remoto.** Em vez de monitorar os membros da equipe obsessivamente, incentive a autonomia. Eles ganharão confiança, livre arbítrio e eficiência. O resultado será uma equipe mais produtiva.

- **Ofereça suporte para condições de trabalho ideais** porque são essenciais e podem exigir recursos financeiros de seu orçamento. Pergunte aos funcionários remotos de que precisam para criar as melhores condições de trabalho, onde quer que seja. Sempre que possível, ajude os funcionários com recursos e planejamento para garantir que se sintam confortáveis com suas situações profissionais.

- **Enfatize os objetivos e a identidade da equipe.** Sem um lugar com o nome e o logo da empresa escritos na entrada, as equipes remotas precisam de lembretes explícitos sobre seu propósito. É função do líder manter os membros remotos da equipe alinhados entre si em uma única missão e mostrar a cada pessoa como ela contribui individualmente. Quando os membros da equipe se sentem incluídos e com propósito, a equipe é coesa. E quando a equipe é coesa, é produtiva em um nível que as equipes presenciais não conseguem ser.

Capítulo 4

Como devo usar ferramentas digitais no trabalho remoto?

Em 7 de fevereiro de 2011, Thierry Breton, CEO da gigante global de tecnologia da informação Atos, anunciou em uma entrevista coletiva que baniria o e-mail interno. Na época, a empresa tinha mais de 74 mil funcionários. Essa não foi uma decisão extravagante nem impulsiva. Quando ele começou na Atos, em 2008 (em uma reviravolta, para um cargo de liderança que desempenharia com louvor), Breton já estava contemplando a eficácia da tecnologia e sua natureza transformadora havia décadas.[1] Ele fundou uma empresa de software aos vinte. E escreveu um livro, *Softwar*, cuja trama girava em torno de um vírus de computador lançado em uma guerra cibernética entre países – na década de 1980 – que vendeu mais de dois milhões de cópias.

Essa extinção do e-mail aparentemente súbita foi a resposta radical de Breton ao que considerava um volume desnecessário de e-mails que as pessoas recebem – o que ele chama de "poluição por e-mail" – e que atrapalha o trabalho em conjunto. Ele também se preocupava que a quantidade de e-mails que as pessoas recebiam as fazia trabalhar horas extras para responder. "Estamos produzindo dados em grande escala que estão poluindo rapidamente nosso ambiente de trabalho e invadindo nossa vida pessoal", disse ele no momento da proibição.[2] E declarou: "Estamos tomando medidas agora para reverter essa tendência, assim como as organizações tomaram medidas para reduzir a poluição ambiental após a revolução industrial".

Os e-mails internos foram substituídos por redes sociais internas, sistemas de mensagens instantâneas e ferramentas colaborativas.[3] Embora os funcionários da Atos não tenham alcançado a meta original de Breton de eliminar *todos* os e-mails internos em dezoito meses, seu plano ousado reduziu drasticamente o uso deles, aumentando a utilização de ferramentas de colaboração digital.[4] A cultura da empresa passou a adotar modos de comunicação mais instantâneos, usando chamadas em tempo real pela Internet (VoIP) e videoconferências. Essas modalidades permitem que os funcionários se comuniquem em tempo real, também conhecido como sincronicamente. Além disso, o sistema que Breton implementou podia facilmente mostrar o status das pessoas na rede – se estavam *on* ou *off*. Essa indicação contínua de quem estava presente estimulava as pessoas a iniciar conversas on-line com colegas de trabalho, o que, por sua vez, permitia criar espontaneamente uma interação em equipe – à medida que as pessoas convidavam outras, ou que mais colegas se juntavam às conversas que estavam em andamento. Por fim, os funcionários realizavam reuniões on-line, de seus computadores, em geral por videoconferência.

Embora a atitude de Breton tenha sido radical, ele entendia perfeitamente que, como líder de uma organização global distribuída, precisava criar as condições para que todos se conectassem ou colaborassem, apesar da distância física que os separava. Também entendia que é função do líder decidir a cultura de comunicação desejada e, em seguida, escolher as ferramentas para alcançá-la para uma mão de obra remota. O e-mail nunca desapareceu por completo da Atos, mas até hoje, os funcionários são adeptos da criação de espaços de trabalho em equipe, ou da seleção intencional do canal certo para seus objetivos. Desde então, Breton foi escolhido por Emmanuel Macron, presidente da França, para assumir o cargo de Comissário Europeu para, entre outras coisas, ajudar 511 milhões de europeus a se transformar digitalmente.

Trabalhadores remotos, em todos os níveis, com frequência escolhem quais ferramentas tecnológicas lhes permitirão fazer seu trabalho de maneira mais eficaz e, ao mesmo tempo, aprimorar seu relacionamento com os colegas de trabalho. Este capítulo vai abordar questões sobre como transmitir uma mensagem, acompanhar uma mensagem inicial por um meio diferente ou sinalizar a importância de uma mensagem discretamente. Quando as formas escritas, como e-mail ou ferramentas internas de mídia social – formas permanentes –, são necessárias? E vídeos em tempo real ou comunicações dependentes de voz? É eficaz enviar um e-mail que fica na caixa de entrada do destinatário e serve como um lembrete visual de uma tarefa pendente? Qual é o melhor meio para colaboração em um grupo? Qual é a melhor maneira de transmitir informações quando você sabe que as pessoas estão se afogando nelas o dia todo? Como manter a conexão e a

Capítulo 4

continuidade quando raramente trabalha no mesmo lugar, se é que isso acontece? Como evitar a exaustão por tecnologia?

Exaustão por tecnologia

Vamos começar tirando do caminho a questão da exaustão por tecnologia. Queixas de sobrecarga cognitiva, dores de cabeça e até fala enrolada costumam ser acompanhadas de reclamações sobre videoconferências seguidas. A exaustão por tecnologia acontece quando realizamos as atividades de comunicação no trabalho virtual da mesma forma que pessoalmente, mas sem impor restrições. Por exemplo, quando temos reuniões presenciais consecutivas, sempre acrescentamos o tempo de transição entre uma e outra. Isso ocorre, em parte, porque as interações pessoais, que costumam exigir tempo de deslocamento do ponto A ao B – mesmo que seja só até o fim do corredor –, impedem reuniões emendadas uma na outra. Uma ou duas reuniões podem ocorrer em sequência, mas isso não acontece com todas as reuniões todos os dias.

Profissionais remotos exaustos costumam programar suas reuniões uma imediatamente após a outra. Além disso, sem reservar tempo para processar o fim da reunião e organizar uma lista de tarefas que possa ter surgido, é fácil acumular trabalho sem necessidade. Só porque as ferramentas digitais nos permitem ocupar totalmente nossa agenda não significa que devemos fazer isso. Portanto, é fundamental criar um período de transição entre reuniões.

Igualmente verdadeiro é que só porque podemos fazer videoconferências, não significa que precisamos fazê-las o tempo todo. Não me entenda mal, videoconferências têm muitos benefícios. Ferramentas de comunicação como e-mail, telefone, videoconferência, mensagens instantâneas e mídias sociais são importantes e devem ser usadas de uma maneira adequada à ocasião, especialmente porque não são canais neutros – eles moldam a dinâmica social que influencia o avanço das metas de trabalho. Para se destacar no trabalho remoto é fundamental entender como escolher as ferramentas digitais certas para garantir que as equipes as usem de forma produtiva para prosperar em um processo distribuído.

A seleção de ferramentas digitais apropriadas para a comunicação distribuída data dos anos 1970. A boa notícia é que sabemos muito sobre como as ferramentas digitais podem nos seduzir e como a ausência de propósito em seu uso pode ser incômoda no trabalho remoto. Vou descrever os principais problemas – conhecimento mútuo e presença social – e soluções importantes de entender para tomar decisões de tecnologia no trabalho remoto. Em vez de listar um por um, este capítulo fornecerá um vocabulário e uma estrutura para que você tome escolhas bem informadas sobre quais ferramentas digitais são adequadas, quando e em quais circunstâncias.

Para organizações e líderes que planejam opções de trabalho remoto, não é só uma questão de escolher qual pacote de ferramentas técnicas adquirir; a questão é entender que ferramentas diferentes atendem objetivos diferentes e apresentam benefícios e limitações diferentes. Algumas ferramentas favorecem atividades autônomas e assíncronas, outras reforçam a colaboração e a discussão em tempo real. Algumas aumentam o imediatismo e a intimidade, outras foram criadas para formalizar processos e políticas. E-mails, mensagens de texto, videoconferências, telefonemas e plataformas de mídia social estão entre as mais populares na infinidade de ferramentas digitais disponíveis para uso comum. Compreender as diferenças de tipo e características e fazer escolhas bem pensadas na seleção dessas ferramentas digitais tornará suas equipes mais eficazes e aumentará a coesão e a satisfação no trabalho.

Mas, primeiro, você precisa entender os desafios únicos que o modelo remoto apresenta para sua força de trabalho e para você como líder. Se todos os funcionários são remotos ou se está um modelo híbrido sendo implementado, no qual alguns funcionários trabalham presencialmente, e outros, não, cabe aos líderes determinar a cultura de comunicação que se deseja criar. Por meio de minhas próprias pesquisas e de outros cientistas sociais, identifiquei pelo menos cinco outros enigmas – além da exaustão por tecnologia – que você deve resolver para responder a essa questão:

- Consciência mútua
- Presença social
- Mídia rica *versus* pobre
- Redundância produtiva
- Diferenças culturais.

O problema do conhecimento mútuo

Suposições e conhecimentos compartilhados são requisitos para uma comunicação eficaz. Em um mundo virtual, compartilhar suposições ou consenso enquanto um está longe do outro é um problema clássico, porque nos casos mais simples, precisamos de um amplo consenso para interpretar com sucesso o contexto situacional e ter uma reação adequada. Os cientistas sociais chamam isso de *problema do conhecimento mútuo*. Se você aceita "encontrar Jenny naquele café depois da reunião", está contando com o fato de que ambos conhecem e entendem suposições do contexto relevantes, como o nome do café, onde fica e quando deveriam estar lá. Da mesma forma, a equipe de um projeto precisa ter consenso sobre as especificações, como usar as ferramentas apropriadas (por exemplo, planilhas ou descontos de fluxo de caixa), e ter um entendimento compartilhado de qual deve ser o resultado para satisfazer as partes interessadas. Navegar obstáculos com sucesso e entregar resultados requer alinhamento. No entanto, é mais fácil falar que fazer. Deixar de compartilhar um consenso ou interpretar mal suposições pode comprometer os resultados do projeto.

Por que as metas de trabalho remoto são reféns do problema do conhecimento mútuo?[5] Uma das pesquisas mais influentes sobre essa questão analisou pessoas que colaboraram remotamente nos Estados Unidos, no Canadá, na Austrália e em Portugal por sete semanas em um trabalho em equipe. O grupo concluiu um exercício de várias partes que envolveu geração de ideias de negócios, elaboração de um plano de negócios e criação de uma apresentação ou página na internet. Durante essa colaboração, eles geraram 1.649 e-mails, vários chats e resultados do projeto, todos analisados para descobrir onde as equipes se encaixavam no problema do conhecimento mútuo. O estudo encontrou exemplos de vários tipos de falhas.

Os participantes podem deixar de fornecer um consenso por não contextualizar seu trabalho, por exemplo, se não explicar aos colegas

Capítulo 4

de equipe que estavam ocupados com outros projetos para justificar a falta de envolvimento. Usar e-mails pode não oferecer um consenso de várias maneiras. Os participantes podem causar uma distribuição desigual ao não enviar e-mails a todos os membros da equipe, o que torna alguns mais "bem informados" que outros. E-mails podem abordar vários tópicos, portanto, a importância de um determinado tópico não foi enfatizada (o que os pesquisadores chamaram de "importância subvalorizada"), causando confusão na coordenação e priorização. Mesmo algo aparentemente inofensivo, como a frequência com que os participantes checavam seus e-mails – várias vezes por dia *versus* várias vezes por semana –, isso fazia diferença na rapidez com que as informações eram acessadas. Também houve confusão em torno do que significava se um participante ficasse "em silêncio" nas comunicações virtuais do grupo. Alguns interpretavam o silêncio como "eu concordo", enquanto outros achavam que significava "eu discordo", e um terceiro grupo ainda considerava o silêncio uma postura neutra que não significava nada. Juntas, essas estratégias de comunicação confusas levaram a suposições desiguais entre os membros da equipe que, por sua vez, criaram problemas de alinhamento e produtividade.

Além de analisar formas de falha relacionadas ao conhecimento mútuo, o estudo constatou que, quando os participantes estão distantes, têm dificuldade para reconhecer e valorizar plenamente as circunstâncias de seus colaboradores; portanto, se houver ausência de informações, a probabilidade é maior de atribuírem o fracasso a alguém em vez de quaisquer outras possibilidades, o que, por sua vez, torna a busca por soluções construtivas mais difícil. Por exemplo, da mesma forma que as pessoas têm dificuldade para lidar com o silêncio em uma conversa em tempo real, elas também enfrentam dificuldades quando os e-mails não são respondidos com rapidez suficiente. No estudo, as pessoas eram mais propensas a interpretar o silêncio – ou o que consideravam atrasos no tempo de resposta – como falhas pessoais da própria parte ou afrontas pessoais da outra parte.

O problema da presença social

Para dizer o óbvio, um dos desafios do trabalho remoto é o fato de não nos encontrarmos pessoalmente, cara a cara. A comunicação digital, de uma forma ou de outra, é uma tentativa de remediar esse desafio imitando até onde é possível o que alcançamos na comunicação frente a frente, ou oferecendo uma maneira alternativa de comunicação com benefícios inatingíveis pessoalmente. Mas por que a comunicação cara a cara é tão poderosa? E o que exatamente se perde quando nossa comunicação é virtual?

Uma maneira de analisar o problema é observar o que os cientistas sociais chamam de *presença social*.[6] O contato pessoal é considerado o principal padrão para presença social. Mas quando as interações pessoais não estão disponíveis, podemos recorrer à presença social para definir o grau em que uma mídia específica transmite sinais sociais por meio de vozes ou expressões faciais, a ponto de os observadores conseguirem compreender os pensamentos e as emoções dos comunicadores.

Dois conceitos-chave de presença social são *intimidade* e *imediatismo*. A intimidade captura a sensação de proximidade interpessoal que duas pessoas sentem ao interagir. É influenciada por fatores como

Capítulo 4

contato visual, sorriso, linguagem corporal e tópicos de conversa de sensibilidade variada. Dessa forma, um meio digital por meio do qual as pessoas podem ver o rosto umas das outras em tempo real transmite uma sensação de intimidade maior que outro sem essa capacidade. O imediatismo se refere à distância psicológica ou à sensação de conexão mental ou emocional que uma pessoa coloca entre si e o destinatário. Isso pode ser transmitido de maneira verbal e não verbal, por meio da distância ou proximidade física, pelo que as pessoas estão vestindo (por exemplo, roupas formais ou informais) e por expressões faciais durante uma conversa. A tecnologia usada obviamente determina quanto qualquer uma dessas características pode ser vista e sentida pelas pessoas envolvidas na comunicação. Curiosamente, o imediatismo pode mudar mesmo que a presença social não mude. Enquanto o grau de presença social pode continuar o mesmo entre duas pessoas que falam por telefone, o imediatismo pode mudar se a atitude ou o tom de um dos falantes mudar de repente, por exemplo, de caloroso e aberto para duro e crítico.

Tanto a intimidade quanto o imediatismo são governados por dois aspectos adicionais da presença social: eficiência e comunicação não verbal. Nesse caso, a eficiência está relacionada ao meio que um comunicador considera mais eficaz para transmitir uma mensagem ao público. Enquanto interações cara a cara, por exemplo, têm o maior grau de presença social, em alguns casos, tais como quando existe um grau elevado de confronto ou tensão interpessoal, outra forma com menos presença social pode ser preferível e, portanto, mais eficiente. A comunicação não verbal refere-se, por sua vez, a até que ponto um meio digital consegue mostrar os mesmos detalhes que as interações pessoais proporcionam. As pessoas podem se comunicar com o mínimo de ambiguidade e fornecer o máximo de informações por meio de comunicações não verbais, como linguagem corporal, contato visual, postura e distância física. Claro, elas podem tentar controlar seu comportamento não verbal de forma consciente ou inconsciente – todos nós conhecemos alguém capaz de fazer "cara de vaso" inexpressiva, cujos sentimentos são difíceis de decifrar, ou já vimos alguém parecer positivo apesar de ouvir más notícias.

Pois o que tudo isso significa? Significa que é importante levar em conta a presença social e se a mídia de sua escolha está transmitindo sua "cordialidade", sua "personalidade" ou sua "realidade". Mídia visual e mídia auditiva podem fazer isso em graus diferentes. Embora a mídia auditiva não transmita dicas não verbais abertas ou percepções mais sutis, como a aparente distância ou autenticidade das pessoas com quem estamos falando, podemos desenvolver a habilidade de ouvir essas coisas pelo tom e volume da voz. Basicamente, a mídia a ser usada para comunicação depende do que estamos tentando comunicar, e isso inclui o grau de presença social que queremos tentar alcançar. No trabalho remoto, a escolha da mídia digital depende do que é apropriado para objetivos específicos.

De mídia mais pobre a mais rica

Se você conversar com qualquer especialista em comunicação habilitado em tecnologia sobre como as pessoas devem escolher uma mídia para atender às suas necessidades, ele vei falar sobre mídia rica ou pobre.[7]

Mídia rica é aquela que transmite mais quantidades de informações, incluindo sinais sociais e presença social, que aumenta a compreensão em uma ampla gama de situações, mesmo nas ambíguas, enquanto a mídia pobre é aquela que transmite menos informações, menos sinais sociais, menos presença social e comunicação relativamente limitada. Tanto a mídia pobre quanto a rica são importantes e existem em um *continuum*. A mídia mais rica é mais eficaz em situações com maior ambiguidade, maior possibilidade de equívocos e menos clareza, ao passo que a mais pobre será mais eficaz em situações mais diretas (Veja a Figura 1).

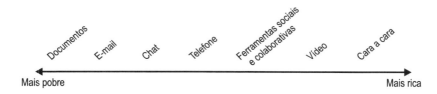

Figura 1: Exemplos de mídia pobre *vs.* mídia rica

Como você vai notar, mídias mais pobres tendem a ser assíncronas, enquanto mídias mais ricas tendem a ser síncronas. Ao pensar sobre quais tipos de atividades de trabalho eram mais adequados para diferentes níveis de pobreza/riqueza e sincronicidade, os pesquisadores determinaram que a comunicação é composta de dois processos primários, que chamam de *condução* e *convergência*.[8] A condução descreve a transmissão de novas informações de uma pessoa para outra, por exemplo, que uma nova remessa de certo número de mercadorias é esperada na manhã de 15 de outubro. O destinatário das informações transmitidas pode, então, precisar de tempo para checar a remessa em relação a um pedido original da mercadoria. Uma mídia pobre e assíncrona seria adequada para essa tarefa. A convergência, por outro lado, descreve a comunicação na qual os indivíduos precisam discutir e interpretar as informações para chegar a um acordo. A discussão sobre a melhor forma de usar a remessa de mercadorias na chegada exigiria um diálogo mais completo por uma mídia mais rica e síncrona.

No entanto, nem todas as tarefas podem ser abordadas somente por uma mídia pobre, rica, assíncrona ou síncrona. Muito depende das circunstâncias. Às vezes, uma mídia mais rica é necessária para coordenar quem, dentro de um grupo, será responsável por um grande conjunto de tarefas concorrentes, ao passo que outras vezes, uma enquete pobre e assíncrona pode coordenar o melhor momento para agendar uma reunião entre um grupo. (Consulte o Quadro 1 para a análise dos tipos de tarefas que combinam com as características da mídia na maioria das circunstâncias.)

Quadro 1: Tarefas e características da mídia digital

	Rico	Pobre
Síncrono	Coordenação complexa Discussão Colaboração Formação de equipes	Coordenação de rotina Troca de informações
Assíncrono	Desenvolvimento de conteúdo Seleção de equipes	Troca de informações Coordenação simples Processamento de informações complexas

Outros pesquisadores levaram esse trabalho um passo adiante.[9] Eles observaram que, embora sejam mídias síncronas (ou quase sempre síncronas), as ligações e as mensagens instantâneas não oferecem o mesmo nível de eficácia em todas as circunstâncias. Alguém pode facilmente enviar uma mensagem instantânea que será transmitida simultaneamente para várias pessoas; uma ligação transmite voz e som, em geral para uma pessoa ou um grupo relativamente pequeno. Ao caracterizar a tecnologia por recursos específicos, eles identificaram cinco mais importantes: a velocidade com que um meio pode levar uma mensagem aos destinatários pretendidos, o número de pessoas que um meio pode alcançar simultaneamente, a variedade de expressões que um meio transmite (informações físicas, visuais e verbais), até que ponto o meio permite que o remetente ensaie ou ajuste uma mensagem antes de enviá-la, e até que ponto permite que uma mensagem seja recebida e tornada permanente para que seja possível reexaminar, reprocessar ou repetir. Essas capacidades – apresentadas no Quadro 2 – detalham como podemos pensar sobre as características e a eficácia de certas mídias ao escolher qual, quando e em que circunstâncias usar.

Quadro 2: Comparação de mídias selecionadas e suas capacidades

	Velocidade de entrega	Número de destinatários	Variedade de expressões	Potencial de ajuste	Permanência da mensagem
Cara a cara	Alta	Médio	Poucas a muitas	Baixo	Baixa
Videoconferência	Alta	Médio	Algumas a muitas	Baixo	Baixa a média
Ligação	Alta	Baixo a médio	Poucas a algumas	Baixo	Baixa
Sistema de pasta compartilhada	Média a alta	Médio	Poucas	Alto	Alta
Ferramentas sociais e colaborativas	Média a alta	Médio	Algumas a muitas	Médio	Média a alta
Mensagens instantâneas	Média a alta	Baixo a médio	Poucas a algumas	Médio	Média a alta
E-mail	Baixa a média	Alto	Poucas a algumas	Alto	Média a alta
Documentos	Baixa	Alto	Poucas a algumas	Alto	Média a alta

Como as reuniões cara a cara são a forma mais rica de comunicação, você pode pensar que o objetivo de usar a comunicação digital é sempre privilegiar o modo mais rico. Embora seja verdade que uma comunicação rica costuma ser desejável para a eficácia da equipe, nem sempre é a melhor escolha. O que importa mais que riqueza ou pobreza é o *relacionamento* dos membros da equipe entre si e os objetivos de comunicação dados. Esse costuma ser o caso quando se trata de negociações e tomada de decisões em grupo.[10] Equipes com relacionamentos em geral positivos, como as que talvez tenham amizades que vão além do escritório, beneficiam-se menos que as outras com tecnologia mais rica, como o vídeo. Como já se conhecem e se sentem bem uns com os outros, métodos de comunicação mais pobres, como o e-mail, parecem adequados para chegar a um acordo. De fato, adotar formas mais ricas de mídia supondo que "mais é mais", em especial quando um grupo já está muito unido, pode ser uma das causas da exaustão tecnológica que tantos funcionários relataram ter vivido quando as normas de isolamento e trabalho de casa devido à covid-19 entraram em vigor, em março de 2020. Por outro lado, as equipes cujos membros têm relações neutras – por exemplo, equipes formadas aleatoriamente por sorteio ou localização – alcançam melhores resultados quando se comunicam por tipos de mídia mais ricas; talvez porque precisem de mais informações sobre como os outros pensam e agem. Mais surpreendentemente, as equipes que têm uma relação negativa preexistente para se comunicar – por exemplo, histórico de desacordo ou antagonismo –, na verdade se saem *pior* quando precisam negociar e tomar decisões usando tecnologias ricas. Quando a hostilidade é um fator, as tecnologias pobres podem amortecer

Capítulo 4

ou desviar potenciais conflitos improdutivos. Em outras palavras, ao tomar decisões sobre a melhor tecnologia de comunicação a ser usada, leve em conta a dinâmica e o histórico de suas equipes tanto quanto – senão mais que – o próprio recurso.[11]

O propósito para o qual a tecnologia será usada também é um fator importante. Os pesquisadores descobriram que as equipes que fazem tarefas "não rotineiras" – como a elaboração de um relatório – beneficiam-se da tecnologia que usa "consciência do conhecimento da tarefa" para que possam entender "quem está fazendo o quê", e rastrear, por exemplo, quem é responsável por escrever qual parte do relatório, bem como vários prazos de entrega e revisão. As comunicações pobres e assíncronas funcionam melhor para manutenção de registros e programação. Por outro lado, quando as equipes exercem atividades que envolvem vários idiomas ou fusos horários, as tecnologias que aumentam a percepção da presença (sentir-se presente e interativo), como chamadas de vídeo, aumentam o desempenho.[12] Simplificando, diferentes tecnologias afetam os objetivos da equipe e os resultados de desempenho.

Os resultados de desempenho e mapeamentos, como os recursos de mídia digital da Tabela 2, são muito úteis para orientar as escolhas de mídia para trabalhadores remotos, mas são incompletos, porque as pessoas raramente usam apenas um único meio para se comunicar sobre uma única coisa. As pessoas usam uma combinação de mídias para se comunicar com os mesmos colegas. Na verdade, em meu próprio trabalho descobri que usuários experientes de mídia combinam e misturam suas ferramentas digitais estrategicamente.

Comunicação redundante

Nossos instintos sobre uma boa comunicação talvez sugiram que a redundância deve ser evitada em prol da eficiência. Mas acontece que as ferramentas sociais que aumentam e reforçam a redundância não são apenas úteis, como também, muitas vezes, essenciais para equipes virtuais. Talvez você se considere uma pessoa de sorte por trabalhar em uma equipe remota, o que, efetivamente, impede que os outros apareçam em sua mesa para informar a mesma coisa o tempo todo. Porém, é quase certo que você já tenha recebido comunicações redundantes, que alguém já tenha mencionado a mesma coisa mais de uma vez.[13] Observando os gerentes de projeto de seis empresas, meus colegas e eu conduzimos um estudo para examinar as nuances das comunicações redundantes que utilizam mídias variadas.

Nesse estudo, observei uma reunião matinal em que Greg, um gerente de projeto, informou a uma equipe de quinze pessoas que logo estariam fazendo a transição para um novo processo de desenvolvimento de produto. As pessoas foram levantando várias objeções. Seria muito demorado manter um registro rigoroso das atividades. Por que o gestor de garantia de qualidade foi mandado para outra equipe? O tempo para checar o produto era muito curto. Greg falou sobre cada questão com paciência e habilidade admiráveis e, ao final da reunião, todos concordaram – relutantes – em seguir o novo processo. No entanto, por volta das 11h15 daquela mesma manhã, observei Greg passar vinte minutos elaborando cuidadosamente um e-mail de vinte linhas e dois parágrafos para a equipe, no qual basicamente usava as mesmas palavras usadas na reunião sobre o novo processo. Observei enquanto ele alterou o texto do assunto três vezes, até chegar a "Revisão do projeto para a excelência" e encerrar com "Obrigado por ajudar a facilitar nosso progresso e garantir que o processo atenda às nossas diretrizes".

Perguntei por que ele não podia apenas mandar uma breve saudação e a recapitulação da reunião acompanhando os documentos que precisava anexar – que incluíam um questionário que a equipe tinha que preencher para que a transição seguisse para a próxima etapa –, e Greg explicou que, apesar da anuência da equipe em cooperar, devido à oposição inicial apresentada, ele achava que precisava fazer algo mais para persuadi-los. Ele enfatizou a urgência da situação, pois o lançamento do novo aplicativo gráfico que havia sido prometido a vários clientes em um determinado prazo já estava atrasado. Se a equipe de Greg não cumprisse o prazo, a próxima equipe de desenvolvimento de software não poderia cumprir o dela, e os clientes receberiam o software atrasado – o que, com base nos contratos, resultaria em uma grande penalidade financeira para sua empresa. No entanto, devido à forma como a organização da empresa foi definida, como gerente de projeto, Greg não tinha autoridade direta. Em outras palavras, seu trabalho dependia totalmente da equipe, mas ela não lhe devia consentimento nem cooperação.

Ao observar as práticas de trabalho dos gerentes de projeto, meus colegas e eu notamos que todos – não só Greg – utilizavam uma estratégia de comunicação redundante, embora essa forma exata fosse diferente dependendo de o comunicador ter autoridade formal ou não.

Descobrimos que as pessoas usavam duas maneiras distintas de comunicação redundante para mobilizar os membros da equipe.

Aqueles que tinham autoridade formal sobre os membros reativamente retomavam uma tentativa inicial de comunicação, muitas vezes assíncrona, quando a mensagem que continha uma ameaça não resultava em uma mudança rápida no comportamento dos funcionários. Depois, iniciavam uma segunda comunicação, geralmente síncrona, para garantir que a equipe entendesse que de fato existia uma ameaça. Por exemplo, um possível contratempo tendia a resultar em comunicações curtas e "atrasadas" (como e-mail) destinadas a realinhar o trabalho dos funcionários para enfrentar os novos desafios. Se, ao que parecia, os funcionários não avaliavam direito a natureza do contratempo e a necessidade de fazer as mudanças apropriadas, o gerente reagia com uma comunicação redundante e geralmente "instantânea" – por exemplo, uma videoconferência – para garantir que todos tivessem a mesma interpretação dos acontecimentos (e soluções alternativas necessárias) que os gerentes.

Vejamos o caso de Amanda, líder de uma grande empresa de saúde. Certa manhã, ela soube que sua empresa estava mudando a política de reembolso de seguros para prestadores de cuidados a pacientes. Encarregada de atualizar o sistema de reembolso para provedores, Amanda percebeu que essa última mudança de política significava que sua equipe precisaria entrar em contato com todos os provedores que, recentemente, já haviam feito a transição para um novo sistema. Os provedores precisariam adotar mais uma nova versão que refletisse a mudança de política de que ela ficara sabendo na reunião daquela manhã.

Como reconheceu que a nova política seria um contratempo, Amanda mandou a Tim – que se reportava a ela – um e-mail falando

Capítulo 4

113

do novo caminho que precisavam seguir o mais rápido possível. Ela esperou algum tempo pela resposta e começou a ficar nervosa, mesmo sabendo que Tim estava ocupado com outros projetos. Será que ele não tinha entendido a urgência do pedido? Na sequência da comunicação anterior, ela mandou uma nova comunicação instantânea. O follow-up instantâneo sinalizou a Tim que essa mudança na política precisava de atenção imediata, ao contrário das demais tarefas. Mais tarde, em um encontro casual no corredor, Tim disse a Amanda que, no começo, não havia entendido que essa mudança nos requisitos era uma ameaça ao projeto. Foi somente após o follow-up que ele passou a ver o ocorrido com a mesma urgência que ela.

Nem todo mundo tem a autoridade institucional de Amanda. Assim como Greg, pessoas que não tenham autoridade formal sobre o grupo usariam a comunicação redundante proativa para fazer os outros se concentrarem em um esforço coletivo. Os gerentes de projeto começariam com algum meio síncrono – por exemplo, aquela reunião de equipe na qual ele ofereceu às pessoas a chance de expressar suas preocupações –, seguido de um meio assíncrono, como um e-mail, que forneceria suporte à mensagem comunicada anteriormente. Os meios assíncronos, como aquele que Greg elaborou, oferecem aos destinatários a oportunidade de processar e digerir uma mensagem que, de outra forma, seria efêmera ou fácil de descartar. Também serve como um lembrete da importância de uma tarefa de uma maneira relativamente não intrusiva, pois os destinatários podem acessar a mensagem em seu tempo, sem precisar responder em tempo real a uma série de demandas incessantes.

A comunicação redundante é um reflexo de como o uso prudente da comunicação mediada pela tecnologia pode ajudar uma equipe a avançar nas metas de trabalho urgentes. O emparelhamento deliberado e estratégico dos meios garantirá que as mensagens cheguem aos destinatários de acordo com seu nível de importância. Embora você pense que indivíduos e gerentes já trabalham demais sem ter que comunicar a mesma coisa pelo menos duas vezes, em um mundo onde as pessoas estão sofrendo por sobrecarga de informações, e as mensagens podem ser perdidas ou esquecidas, a comunicação redundante é uma maneira eficaz de persuadir as pessoas a cuidar das coisas que são importantes para você, em vez de ter que esperar muito por uma resposta.

Suportes às diferenças culturais

Equipes distribuídas globalmente costumam ter membros de origens culturais muito diferentes. A comunicação mediada por tecnologia se aplica a grupos com diversidade entre membros? Um estudo descobriu que a diversidade cultural dificultava a comunicação da equipe e que o uso de tecnologias de forma adequada poderia mitigar o impacto negativo da diversidade na comunicação. Meios assíncronos, como e-mail, reduziram as falhas de comunicação resultantes de diferenças de idioma. A comunicação síncrona aumentou a confiança e ajudou a fortalecer o senso de identidade da equipe.[14]

Como o conteúdo de nossa comunicação interage com a diversidade e a tecnologia em equipes distribuídas? Em contextos transculturais e multilíngues, pode ser tentador enviar um e-mail simples: "sim" ou "não". Para trocar informações que exigem sutileza ou tato, outro meio pode ser preferível. Um estudo comprovou que tecnologias de comunicação mais ricas permitiam a expressividade necessária para a troca de conteúdos complexos. As tecnologias de comunicação mais pobres permitiram a troca de conteúdo simples, ao mesmo tempo que minimizavam interpretações errôneas decorrentes de diferenças culturais.[15] O que pode ser considerado comum e apropriado em uma cultura, pode ser raro e até condenável em outra.[16]

Em equipes virtuais globais, as origens culturais dos membros também podem afetar a maneira como eles se comunicam usando a tecnologia. Algumas culturas favorecem as interações cara a cara como forma primária de comunicação. Claro, isso é impossível para uma equipe distribuída globalmente, portanto, a comunicação em vídeo como escolha principal é importante. Se a mídia síncrona e visível não estiver disponível, substituí-la por ligações ou chamadas de áudio é a melhor alternativa. Embora os e-mails possam ser usados para a troca de informações triviais, as plataformas de mensagens instantâneas são a melhor opção para indivíduos de culturas que costumam "bater papo" antes de se aprofundar no trabalho. Ao contrário das culturas ocidentais, que enfatizam conversas em tempo real para dar notícias ruins, o e-mail acabou sendo a melhor opção para dar essas notícias antes de uma ligação, para que o destinatário tenha tempo para processar a coisa de forma assíncrona antes do telefonema.

Independentemente das diferenças individuais, não podemos aplicar nossas crenças e suposições para definir qual mídia é a melhor entre as culturas. Existem diferenças claras. Meu conselho para fazer isso direito é sempre perguntar aos interlocutores suas preferências sobre o tipo de mídia a ser usado para as necessidades essenciais de trabalho. Basicamente, a tecnologia de comunicação apropriada será determinada pelas origens culturais e linguísticas de nossos colegas.

Ponha as ferramentas sociais para trabalhar

Nossa vida moderna **é** definida, em parte, pela conectividade constante das mídias sociais, pessoal e, cada vez mais, profissionalmente.[17] As empresas de crescimento acelerado provedoras de mídias sociais se gabam de ter dezenas de milhões de usuários diários em suas plataformas. Quando implementadas com sucesso, as ferramentas sociais permitem que trabalhadores desconfiados se conectem, compartilhem conhecimentos, colaborem e inovem de forma mais eficaz. As ferramentas sociais também permitem que os funcionários conheçam projetos e iniciativas existentes que se sobrepõem aos seus, bem como a coordenação de esforços. Isso pode reduzir a duplicação de trabalho e liberar recursos para focar em lugares onde sejam necessários.

Vejamos o grupo de engenheiros de uma empresa multinacional de alta tecnologia cujas conversas por ferramentas sociais permitiram uma transferência orgânica de conhecimento útil. Quando um engenheiro do escritório alemão soube de um aplicativo analítico na web que o escritório mais avançado de Tóquio havia implementado, entrou em contato com um engenheiro de lá para obter informações detalhadas sobre o aplicativo e o suporte de rede necessário, utilizou o aplicativo e postou sua satisfação com ele no grupo. Engenheiros norte-americanos e franceses que leram a postagem expressaram interesse no aplicativo para seus mercados locais. Observando o sucesso em Tóquio e na Alemanha, e seu potencial em outros lugares, o gerente do grupo exigiu que fosse implementado em todos os mercados. Uma difusão de conhecimento semelhante aconteceu em toda a empresa em áreas como marketing, vendas e grupos jurídicos, como consequência de conversas espontâneas nas redes sociais.

Funcionários que trabalham em diferentes locais ao redor do mundo muitas vezes têm dificuldade para construir relacionamentos e formar uma identidade compartilhada. As ferramentas sociais podem facilitar as conexões pessoais e profissionais, aumentando a confiança e o relacionamento entre as fronteiras geográficas e culturais. Muitos funcionários globais relatam que as ferramentas sociais internas oferecem uma janela para um discurso organizacional mais amplo que, de outra forma, não estaria disponível para eles. Como explicou um funcionário que trabalha para uma empresa de e-commerce: "Tenho uma ideia do que todos estão fazendo lá [na sede], dos tipos de projetos e de como estão progredindo. Por isso me sinto mais conectado". Outros funcionários da empresa ecoaram essa sensação, dizendo "Sinto que faço parte da família" e "Somos a mesma empresa. Somos as mesmas pessoas. Parecemos diferentes, podemos falar diferente, mas fazemos todos a mesma coisa". Em um local de trabalho virtual, onde as pessoas raramente, ou nunca, se veem, as ferramentas sociais permitem que os funcionários tenham uma sensação de pertencimento.

Implementar ferramentas sociais em uma empresa pode parecer simples, e o aspecto tecnológico é. Slack e Microsoft Teams são exemplos de ferramentas sociais cujos ícones talvez apareçam em seu computador, assim como no de milhões de pessoas. A maioria dessas ferramentas sociais é composta por aplicativos na nuvem, portanto, praticamente não exigem investimento em infraestrutura. Como a maioria dos funcionários já conhece as mídias sociais, de uma forma ou de outra, em geral na vida pessoal, aprender como usá-las no trabalho tende a ser fácil. Mas, apesar dessa aparente simplicidade, existem algumas coisas importantes que as pessoas precisam entender para aproveitar seus benefícios.

Em uma investigação longitudinal de usuários sociais, meu colega Paul Leonardi e eu comparamos a implementação de mídia social e o comportamento do usuário em duas empresas. Gosto de chamar Paul de meu "irmão acadêmico", porque fizemos doutorado na Universidade de Stanford na mesma época. Desde então, somos coautores de vários projetos e já colaboramos por quase vinte anos em questões de trabalho, tecnologia e organizações. Em uma empresa de serviços financeiros com mais de quinze mil funcionários, examinamos dois departamentos ao longo de dezoito meses. Um departamento implementou ferramentas sociais, e o outro, não. Na segunda organização, de alta tecnologia com mais de dez mil funcionários em dez países, acompanhamos a implementação e adoção de ferramentas sociais em toda a empresa por mais de 24 meses.

O que descobrimos foi fascinante. De início, os participantes compartilhavam conteúdo não relacionado ao trabalho junto com conteúdo que se referia a "assuntos gerais da empresa". As pessoas

Capítulo 4

ficavam intrigadas com o conteúdo pessoal compartilhado por seus colegas, e essa curiosidade levou ao engajamento na plataforma, a postar e navegar por conteúdos relacionados aos dois contextos. A mistura visível de conteúdo profissional e não profissional, incluindo postagens públicas entre colegas de trabalho, permitiu que funcionários sentissem se podiam confiar uns nos outros, mesmo que não interagissem diretamente nem compartilhassem uma afiliação significativa. Como discutimos no Capítulo 2, a confiança permite que os funcionários determinem se podem pedir ajuda uns aos outros ou compartilhar conhecimentos úteis sobre questões relacionadas ao trabalho.

Dessa forma, a combinação de conteúdos relacionados e não relacionados ao trabalho facilitou o compartilhamento de conhecimento profissional, uma vez que estabeleceu confiança. No entanto, embora essa mistura fosse inicialmente benéfica para o compartilhamento de conhecimento dentro da organização, usar os sites para assuntos não relacionados ao trabalho acabava gerando ansiedade e conflito. Os funcionários ficavam preocupados que os gestores fossem achar que eles estavam socializando em excesso, e às vezes apareciam tensões interpessoais. Esses problemas reduziram o envolvimento das pessoas em conteúdos não relacionados ao trabalho, o que também reduziu o compartilhamento de conhecimentos relacionados ao trabalho que acompanhava os outros conteúdos. Em suma, compartilhar conteúdos não relacionados ao trabalho foi paradoxal: foi a razão para o surgimento e para o fim do uso de ferramentas sociais.

É crucial que as organizações articulem como seus funcionários devem usar as ferramentas sociais internas e por quê, o que inclui permitir que tenham trocas não profissionais. O que os funcionários e a organização como um todo têm a ganhar? Como era de se esperar, os líderes precisam mostrar o caminho. Definir diretrizes para o uso das ferramentas sociais não é suficiente. Os líderes precisam estar presentes nas ferramentas sociais internas mostrando o comportamento desejado, para que os funcionários façam o mesmo. Por exemplo, os líderes podem se engajar publicamente com um indivíduo que posta uma boa ideia, talvez fazendo uma pergunta complementar. Também podem comentar postagens não relacionadas ao trabalho, como desejar feliz aniversário a um funcionário ou "curtir" um programa de TV. Como costuma acontecer, se os líderes restringirem suas postagens a anúncios formais sobre mudanças na política ou no quadro de funcionários, os demais entenderão as ferramentas apenas como uma maneira de a administração divulgar informações e se absterão de engajamento e comunicação. A organização não conseguirá atingir seu propósito de implementação de ferramentas sociais.

Contexto é tudo quando se trata de comunicação, virtual ou não. Não é suficiente se inscrever na plataforma de mídia social mais recente, ou usar o hardware de videoconferência mais sofisticado. Às vezes, é melhor aguardar o envio de um e-mail, ou simplesmente não o enviar, e outras vezes é melhor clicar em "enviar" o mais rápido possível. Funcionários e líderes precisam se tornar mais estratégicos e conscientes na implantação de ferramentas digitais, e parte desse processo é aprender a entender a mídia de comunicação em termos de características, pobre *versus* rica, síncrona *versus* assíncrona, e aplicar isso ao que sabemos sobre as relações entre as pessoas com quem

Capítulo 4

trabalhamos. Acontece que muitos de nossos instintos sobre o uso dessas ferramentas estão errados e produzem um efeito diferente do que pretendíamos, e a corrida para fazer mais, mais e mais só porque a tecnologia permite é, talvez, a mais contraproducente. Por fim, criar urgência e definir prioridades é função do líder, não da tecnologia. Podemos nos comunicar virtualmente, mas somos afetados pelos aspectos humanos da dinâmica social e da presença social que conhecemos por meio de interações cara a cara. Muitas vezes, os líderes deixam que as tecnologias façam o trabalho de definir prioridades e ter uma ideia do que está acontecendo com suas equipes. Mas elas não são um substituto do trabalho de liderança.

Sucesso de qualquer lugar: usando as ferramentas digitais certas

- **Misture tudo.** A exaustão por tecnologia ocorre quando permitimos que as ferramentas digitais estruturem as atividades de comunicação, como o agendamento de muitas videoconferências consecutivas, em vez de estruturar as atividades em torno de nossas próprias necessidades. Usar uma combinação das mídias disponíveis – síncrona e assíncrona – para atingir nossos objetivos diminui a exaustão por tecnologia.

- **Compreenda o contexto.** O problema de conhecimento mútuo é um aspecto natural, mas prejudicial, de trabalhar remotamente e depender de ferramentas digitais para se comunicar. Como resultado, os funcionários remotos perdem contextos situacionais e podem estar em situação desigual em termos de informações ou suposições compartilhadas. Esse contexto compartilhado reduzido pode criar mal-entendidos e obstáculos à colaboração produtiva.

- **Esteja presente.** O problema da presença social surge dependendo de até que ponto certas ferramentas digitais nos permitem revelar sinais sociais que promovem a intimidade – a sensação de proximidade interpessoal – e o imediatismo – a distância psicológica ou sensação de conexão mental ou emocional entre os falantes.

- **Lembre que menos pode ser mais, e vice-versa.** A mídia mais rica será mais eficaz em situações com mais ambiguidade, mais equivocidade e menos clareza, ao passo que a mais pobre será mais eficaz em situações diretas.

- **Repita-se estrategicamente.** Dependendo do seu grau de autoridade, as pessoas podem usar as mídias de que dispõem para se comunicar de forma redundante, de síncrona para assíncrona ou vice-versa, transmitindo, assim, a importância de uma mensagem ou demandando uma ação imediata.

- **Não se esqueça de perguntar.** As equipes internacionais precisam levar em consideração as diferenças culturais e idiomáticas. As preferências de comunicação síncrona ou assíncrona variam segundo a cultura e a competência linguística comum.

- **Diminua distâncias sociais.** As ferramentas sociais ajudam colegas de trabalho distantes a se conectar, compartilhar conhecimento, colaborar e inovar de forma mais eficaz, bem como reduzir a duplicação de tarefas e liberar recursos para focar em outro lugar, onde seja necessário. A comunicação não relacionada ao trabalho nas ferramentas sociais lubrifica a comunicação sobre trabalho, e tanto os líderes quanto os funcionários devem participar de conversas sociais nas ferramentas sociais de toda a empresa.

Capítulo 5

Como minha equipe ágil pode operar remotamente?

Na série de TV *Silicon Valley*, sobre seis desenvolvedores de software que trabalham no que torcem para ser o próximo grande produto do Vale do Silício, Califórnia, os membros dessa que é, essencialmente, uma equipe ágil vivem na mesma casa. Suas conversas espontâneas para resolver os problemas à medida que surgem – sejam relacionados a tecnologia, logística ou assuntos interpessoais – podem ocorrer na cozinha, na garagem, no corredor ou no quintal, bem como em reuniões agendadas no escritório da sala de estar. Em outras palavras, os membros da equipe estão constantemente juntos no mesmo espaço físico. Essa dinâmica, segundo a série, determina a colaboração próxima, inovadora e dinâmica da equipe e possibilita sua paixão e motivação.

Essa série cômica criada por Mike Judge, John Altschuler e Dave Krinsky se baseia fortemente na cultura de software da vida real, onde se originaram as equipes ágeis. Os desenvolvedores de software e a natureza do código de computador que escrevem precisam de métodos que ofereçam suporte ao trabalho colaborativo e em equipe para lançar novos produtos rapidamente no mercado. É por isso que, no final dos anos 1990, o crescimento acentuado na programação de sistemas gerou uma necessidade urgente de atualizar o método tradicional de "cascata" de desenvolvimento de produto, no qual planos altamente estruturados para a conclusão de tarefas são elaborados antes de o desenvolvimento ocorrer e, em seguida, repassados sequencialmente para departamentos específicos em cada fase. Entre outras críticas, essa abordagem altamente estruturada e demorada significava que os produtos poderiam estar desatualizados antes de ficar prontos para ser entregues aos clientes.

Em 2001, dezessete desenvolvedores importantes se reuniram em um chalé em Snowbird, Utah, para conversar, esquiar, comer e criar um novo método de desenvolvimento de software, no qual as equipes pudessem colocar os produtos nas mãos dos clientes nos estágios iniciais do processo.[1] As abordagens em cascata conduzidas sequencialmente que os dezessete desenvolvedores procuraram substituir já existiam desde a Primeira Guerra Mundial, quando o consultor Henry Gantt criou um mecanismo de organização para a estratégia militar dos EUA. Nas palavras de Jeff Sutherland, um dos autores do "Manifesto Ágil", "Desistimos da guerra de trincheiras, mas, de alguma forma, as ideias que a organizaram ainda são populares".[2]

O encontro, por si só um exemplo do poder da colaboração pessoal, resultou no "Manifesto para Desenvolvimento Ágil de Software", que descrevia em termos sucintos a nova abordagem adaptativa e repetitiva:

Estamos descobrindo melhores maneiras de desenvolver softwares fazendo isto e ajudando outros a fazê-lo.

Por meio deste trabalho, passamos a valorizar:

Indivíduos e interações, mais que processos e ferramentas;

Software funcionando, mais que documentação abrangente;

Colaboração do cliente, mais que negociação de contrato;

Responder à **mudança**, mais que seguir um plano.

Ou seja, embora haja valor nos itens à direita, valorizamos mais os à esquerda.

© 2001, autores do Manifesto Ágil

Esta declaração pode ser copiada livremente em qualquer forma, mas apenas na íntegra com este aviso.

Desde 2001, equipes ágeis proliferaram e se espalharam para muito além do setor de software no Vale do Silício. O termo gerou um pouco de burburinho e mística. Para definir o cenário, este capítulo primeiro explica como as equipes ágeis são projetadas e operam e, em seguida, questiona como a filosofia ágil, que prioriza interações pessoais próximas e frequentes ao longo do dia de trabalho, pode se tornar remota – se é que pode. Embora ágil e remoto possam parecer uma contradição – e em alguns círculos até uma blasfêmia –, na verdade, descobri que equipes ágeis e trabalho remoto se alinham surpreendentemente bem. Para mostrar como isso pode ser feito, vamos dar uma olhada

Capítulo 5

primeiro na Unilever, sediada em Londres, uma das maiores empresas globais do mundo, e discutir como sua estratégia de transformação digital opera com equipes ágeis remotas em escala. Por fim, você verá como a AppFolio, uma empresa de software de porte médio localizada na Califórnia, administrou sua transição repentina do trabalho ágil presencial para o trabalho remoto.

Design de equipes ágeis

O design de equipes ágeis assenta-se no princípio básico de que a vantagem competitiva reside na flexibilidade para encontrar a configuração mais eficaz de recursos e capacidades. As equipes são pequenas, para permitir uma tomada de decisão rápida e alta produtividade. Muitas pessoas e muitos fluxos de comunicação complicados podem facilmente sobrecarregar a equipe e retardar as coisas. A maioria dos especialistas em Ágil recomenda como número ideal de cinco a nove pessoas em uma equipe. As funções são fluidas, e a composição da equipe é multifuncional, para que os membros possam assumir qualquer uma das tarefas envolvidas. As tomadas de decisão tendem a ser compartilhadas, e ninguém está "no comando". As equipes se auto-organizam em torno de metas desafiadoras e atraentes, criando uma urgência para "fazer as coisas", o que aumenta a energia e a motivação e mantém todos engajados. Os membros da equipe que assumem a propriedade de suas tarefas e são responsáveis pelas decisões sobre como executá-las, desde o início até a conclusão, sentem-se à vontade com um alto grau de autonomia e responsabilidade.[3]

A comunicação aberta, direta e frequente é fundamental para o método ágil, permitindo que os indivíduos levem rapidamente os problemas para a equipe maior e trabalhem com os gestores para encontrar soluções. Como as equipes prosperam quando conseguem ver resultados com rapidez, as equipes ágeis usam experimentos rápidos para obter feedback de clientes internos ou externos e tomar decisões adequadas. Como as necessidades do cliente continuam evoluindo assim que um produto ou projeto é lançado, protótipos rápidos e a colaboração contínua com os clientes ajudam a garantir que os produtos finais entreguem valor real. Com essa abordagem repetitiva, planos iniciais detalhados ou documentação extensa após o fato não são úteis. Em vez disso, as equipes ágeis definem uma visão e uma direção para iniciar um projeto e esperam adaptar as tarefas à medida que avançam.

Desde sua fundação, talvez a característica mais definitiva das equipes ágeis seja a insistência em que os membros se reúnam com grande frequência. As equipes ágeis se tornaram conhecidas por fazer reuniões diárias, em geral ao mesmo tempo, nas quais cada pessoa passa um breve relatório de progresso ao resto da equipe. Embora a frequência possa variar em ambientes diferentes, as reuniões devem ser regulares e breves – não mais de quinze minutos. Espera-se que todos participem. O tom dessas reuniões é positivo; a equipe identifica o que está dando certo e o que não está e determina como remover os obstáculos para o progresso no futuro. Muita confiança, conversa franca e responsabilidade são essenciais para que o verdadeiro aprendizado e a inovação aconteçam.

O Ágil tem como premissa a presença. É difícil não enfatizar essa suposição. O manifesto afirma explicitamente: "O método mais eficiente e eficaz de transmitir informações para e em uma equipe de desenvolvimento é a conversa cara a cara".[4] A crença é que a comunicação pessoal torna as equipes mais ágeis, pois elimina a confusão e a sobrecarga muitas vezes causadas pelo excesso de documentação.[5] Frequente contato pessoal dos membros da equipe ao longo do dia permite checagens, correções e interações rápidas. A elaboração de documentos – outra prática em cascata – é desencorajada no Ágil, pois leva muito tempo, é frequentemente supérflua, e seu conteúdo pode ser mal interpretado pelos leitores sem a presença do autor para esclarecer as coisas. A conversa cara a cara é vista como o principal padrão para resolver da melhor forma qualquer mal-entendido *in loco*, em tempo real, por meio de um diálogo colaborativo.[6]

Esses recursos-chave do processo ágil parecem torná-lo incompatível com equipes espalhadas ou pessoas que trabalham remotamente. No entanto, como você verá mais adiante neste capítulo, esse processo foi ampliado para equipes distribuídas globalmente com grande sucesso, e se desenvolveu em formato remoto – inclusive para equipes ágeis presenciais que de repente foram obrigadas a ficar em casa enquanto o coronavírus se alastrava. Equipes e gestores remotos podem se animar: se uma metodologia que depende tão intensamente de reuniões diárias organizadas pode ser transformada em remota com sucesso, qualquer coisa pode.

Além do software

O Manifesto Ágil nasceu no desenvolvimento de software, mas, desde então, seus métodos se tornaram atraentes em um mundo onde os ciclos do produto são cada vez mais curtos, e as informações se tornam cada vez mais abundantes. Embora tenha nascido em um ambiente moldado, em grande parte, pelo rápido desenvolvimento da tecnologia digital, o desenvolvimento ágil não requer ferramentas nem disciplinas específicas. A metodologia ágil fala de *como* as equipes trabalham em determinado ambiente. As ferramentas, as estruturas e os processos que a metodologia ágil oferece são aplicáveis para além do desenvolvimento de software e de equipes técnicas. Vamos considerar por um instante, por exemplo, como um fabricante de brinquedos, uma equipe de P&D, um programa de rádio e dois bancos adotaram vários aspectos da metodologia ágil para obter resultados positivos.

A LEGO, fabricante de brinquedos, adotou a metodologia ágil porque queria aumentar a visibilidade dos processos de desenvolvimento de produtos em toda a empresa. Primeiro, foram formadas equipes de produto para trabalhar como equipes de estrutura *scrum* auto-organizadas e autônomas que aprenderam por meio de iteração. Em seguida, um grupo de equipes começou a se reunir a cada oito semanas para apresentar seu trabalho, resolver dependências, estimar riscos e planejar o próximo período de lançamento. Por fim, a LEGO criou uma camada ágil para a alta administração e as partes interessadas, para garantir que o trabalho estivesse conectado aos objetivos empresariais de longo prazo.[7] Os desenvolvedores administravam seu próprio trabalho e eram capazes de fornecer estimativas mais precisas para a entrega do produto. A metodologia ágil levou a resultados mais previsíveis e positivos para a empresa.

Os membros da equipe de pesquisa e desenvolvimento da 3M devem constantemente imaginar, criar, fazer o protótipo e refinar

Capítulo 5

abordagens novas e inovadoras para o desenvolvimento de produtos para o conglomerado multinacional que opera em vários setores. Cada uma dessas etapas é inerentemente demorada. Quando a 3M adotou a estrutura *scrum* para o desenvolvimento do novo produto, ajustou a frequência das reuniões, o processo de documentação e outros métodos ágeis para atender melhor às necessidades dos pesquisadores. Essas mudanças permitiram aos pesquisadores equilibrar os prazos rígidos com a flexibilidade que a inovação exige. Os projetos foram divididos em pequenas etapas com expectativas flexíveis. Como resultado, a equipe fez mais para a 3M com menos estresse e maior eficiência.[8]

Independentemente do setor, manter as necessidades do cliente final no centro do processo em todas as fases é essencial para a abordagem ágil. O objetivo é garantir que o produto ou serviço entregue agregue valor. As equipes ágeis escrevem suas tarefas como "degraus" na linguagem que um cliente final usaria, respondendo: *Para quem a tarefa está sendo realizada? O que queremos fazer? Por que o cliente deseja isso?* O compartilhamento frequente e os ciclos de feedback, que informam o próximo conjunto de "degraus" ajudam as equipes a manter o foco na criação de produtos de acordo com as necessidades e expectativas do cliente, têm como objetivo substituir as suposições ou previsões teóricas para a venda de produtos.

A National Public Radio usou esse aspecto específico do método ágil para criar programas com menos despesas e riscos. No passado, a rede havia criado uma programação que implicava lançamentos grandes e caros, sem dados subjacentes para garantir o sucesso do programa. O método ágil permitiu que pequenos programas-piloto fossem distribuídos para suas estações de rádio. As equipes coletariam feedbacks de diretores da programação local e ouvintes para determinar rapidamente o sucesso ou o fracasso de um determinado programa. Ao desenvolver os pilotos que fizeram sucesso entre os ouvintes e eliminar os que não fizeram, a NPR conseguiu alcançar uma economia de custo significativa e aumentar sua audiência.[9]

A equipe de marketing do Santander começou a experimentar maneiras de criar valor com base em seus dados bancários. Em vez de longos ciclos de marketing liderados por agências, o banco lançou pequenas campanhas de marketing de baixo risco durante duas semanas. A empresa soube imediatamente quais campanhas tiveram sucesso. Essa nova inteligência ajudou o Santander a alcançar clientes em horários específicos com conteúdo direcionado. Segundo um ensaio recente, a lealdade aumentou 12%, e a satisfação com a conta, 10%. O Net Promoter Score do banco atingiu seu ponto mais alto em dezessete anos.[10]

O ING Group, na Holanda, adotou uma metodologia ágil para reduzir o tempo de lançamento no mercado, melhorar a experiência do cliente e as operações e os recursos do banco digital. O banco fez uma reestruturação radical na sede holandesa, cortando 25% da mão de obra no processo. A abordagem ágil dependia de pequenas equipes autônomas e multidisciplinares, que eram responsáveis pelo atendimento ao cliente do início ao fim. A implementação do método ágil pelo ING Group levou a um serviço mais rápido, quebrou os silos organizacionais, reduziu significativamente o número de devoluções e aumentou a satisfação dos funcionários.[11]

Capítulo 5

Essas adaptações e implementações são exemplos da disseminação da metodologia ágil, partindo do mundo relativamente isolado dos desenvolvedores de software e chegando à gestão de negócios contemporânea em uma variedade de setores. Em cada caso, o aumento dos resultados de desempenho dependia da premissa ágil de equipes pequenas, autônomas, auto-organizadas e multifuncionais, cujos membros costumavam colaborar entre si pessoalmente. Mas o mundo mudou desde 2001, ano em que o Manifesto Ágil foi escrito. A colaboração pessoal nem sempre é possível nem mesmo desejável. O fato de os clientes serem globais já impeliu muitas equipes ágeis a colaborar virtualmente, além das fronteiras nacionais.

Hoje, o desafio é se as equipes ágeis conseguem continuar ágeis sem interação cara a cara. Em outras palavras, como as equipes podem conciliar os métodos e as necessidades da metodologia ágil com os métodos e as necessidades das equipes remotas, com todos os problemas inerentes de confiança e comunicação?

O restante deste capítulo demonstrará como isso pode ser feito.

Equipes ágeis de transformação digital da Unilever

A organização é menos como um navio de guerra gigante e mais como uma flotilha de pequenas lanchas, uma rede viva e orgânica de equipes de alto desempenho.
— *Stephen Denning*, The Age of Agile

Desde 2017, Rahul Welde tem sido fundamental na implementação de mais de trezentas equipes ágeis que operam remotamente em tantos fusos horários que suas reuniões virtuais começam com "Bom dia, boa tarde e boa noite". A Unilever é uma empresa multinacional de bens de consumo sediada em Londres, e o que começou como uma iniciativa ágil pioneira em marketing do consumidor, na qual as equipes se reorganizaram para ser autônomas e alavancar a "capacitação, colaboração e agilidade", logo se tornou um formato para a organização mais ampla. Welde, vice-presidente executivo de transformação digital da Unilever e veterano com 29 anos de empresa, tinha certeza de que essas abordagens, aparentemente opostas ao trabalho em equipe – ágil e remoto –, poderiam ser combinadas e de fato era necessárias, pois a companhia estava passando por uma estratégia de transformação digital. A abordagem da Unilever é prova da capacidade das equipes ágeis de funcionar remota e globalmente e operar em escala. Além disso, Welde descobriu que o casamento entre ágil e remoto é, em última análise, um casamento entre digital e global.

A dinâmica global-local

Com mais de quatrocentas marcas em 190 países, a Unilever confiou no trabalho remoto durante décadas e construiu sua organização global em torno de uma estrutura de equipe distribuída para alcançar uma ampla gama de mercados. Para uma multinacional que fabrica e vende gêneros domésticos de primeira necessidade, de marcas como sabonete Dove a sorvetes Magnum, o sucesso é definido por um delicado equilíbrio entre as especificidades dos mercados locais e a ampla escala das operações globais.

Como diz Welde, "Nossos consumidores são muito locais por natureza... embora tenhamos uma estrutura geral, ainda precisamos lhe dar vida para uma determinada marca ou região. Por exemplo, o que fazemos na China é muito diferente do que fazemos nos EUA,

Capítulo 5

e muito diferente do que fazemos no Reino Unido. Aliás, o que fazemos na Dove é muito diferente do que fazemos no chá Lipton ou no sorvete Magnum".

Para atender às condições específicas sob as quais devem operar, Welde me disse que buscou construir novas formas de trabalhar *localmente*, usando tecnologias digitais, como computação em nuvem e big data, para desenvolver relacionamentos com os mercados locais. Tendo tido o privilégio de passar algum tempo ouvindo Welde falar sobre sua visão e depois me sentar com ele em várias ocasiões, para mim é fácil perceber que ele é um daqueles líderes especiais com capacidade de enxergar de perto e de longe, pensar rápido e devagar, e alguém que tem a coragem de se tornar ágil para o benefício dos clientes no mundo todo.

Porém, o consumo de bens não é um ato global. O ponto de venda real ocorre como uma experiência local e depende do que acontece no último momento antes de o produto chegar ao destino em uma cidade, uma loja e, por fim, sua colocação em uma prateleira. Equipes ágeis e focadas em resultados que atuaram de forma iterativa, autônoma e remota podem focar nas demandas exclusivas de um último quilômetro específico e, ao mesmo tempo, orientar seu trabalho com as capacidades digitais da empresa em vários países. Welde percebeu que essa interação digital entre magia local e escala global era o elemento-chave que o trabalho em equipe ágil remoto poderia oferecer.

Para as startups de tecnologia, como Cisco e Oracle, que confiaram em métodos ágeis para se desenvolver, o crescimento natural era global. Para a Unilever, uma empresa de noventa anos cujo "pão com manteiga" não era um aplicativo ou software, e sim, literalmente, pão com manteiga, a trajetória foi invertida. A Unilever precisava descobrir como levar um negócio global gigantesco e extenso para dentro da era digital. Como era de se esperar, o primeiro dos três vetores dessa tarefa monumental era a tecnologia, ou as ferramentas de execução. A segunda era o processo, um ponto forte da empresa que eles aprenderam a refazer para se adaptar às novas tecnologias e ferramentas. O último e mais importante dos vetores eram as pessoas. As pessoas consomem os diversos produtos que a Unilever oferece, seja sentindo o cheiro de um sabonete, degustando um sorvete ou bebendo chá, e elas estavam por trás do trabalho de transformar cada um desses produtos – de uma ideia a uma realidade. A metodologia ágil, com ênfase em tecnologia digital, processos iterativos e colaboração próxima, embasou os três vetores.

A transformação da Unilever para a tecnologia digital foi o que impulsionou sua adoção de equipes ágeis. O mais surpreendente é que a sinergia entre essas duas inovações permitiu que uma extensa multinacional transpusesse a divisão global-local.

AppFolio nasce ágil

Ao contrário da Unilever, a AppFolio *nasceu* digital.[12] O éthos está escrito em sua missão: desenvolver softwares para ajudar certos setores verticais – o mercado imobiliário, por exemplo – a fazer transição para a era digital. O primeiro produto da empresa foi uma solução de software para administradores de propriedades. Em muitos aspectos, ela seguiu a tradição do Manifesto Ágil desde sua fundação. Eric Hawkins, diretor de engenharia da AppFolio, atribui o sucesso da empresa à sua estrutura de trabalho com equipes ágeis. Um dos valores da empresa diz "Ótimas pessoas formam uma ótima empresa". Hawkins acredita que equipes pequenas e focadas as mantêm ágeis.

Comecei a me interessar pela AppFolio por causa do meu colega Paul Leonardi, que atualmente é professor de gestão de tecnologia e engenharia na Universidade da Califórnia, em Santa Bárbara, e conhecia muitas de suas equipes – incluindo um dos fundadores, ex--professor de Ciências da Computação da UC Santa Barbara, Klaus Schauser, que formou a AppFolio em 2006 junto com o veterano em startups de tecnologia Jon Walker.

A percepção que Schauser e Walker têm de que as empresas precisam de software inovador para evoluir para a era digital os inspirou a abrir a AppFolio, tendo a filosofia ágil de constante iteração alinhada com sua missão. Eles estruturaram a pequena empresa em torno de equipes ágeis para todo trabalho baseado em projetos, do desenvolvimento de software ao marketing. Durante catorze anos, sua empresa poderia ter sido considerada um modelo de como montar e usar equipes ágeis com eficácia.

Cada equipe ágil era composta por um gerente de produto, um designer, um engenheiro de garantia de qualidade e alguns engenheiros de software *full stack* que podiam assumir qualquer função no processo de desenvolvimento e se alternar entre as equipes, dependendo das necessidades de projetos específicos. Os gerentes de produto abarcavam cerca de duas equipes e eram supervisionados por um líder de produto em cada uma. Cada equipe tinha autonomia para selecionar seus próprios projetos, por meio de um processo imersivo de *brainstorming* presencial. Em vez de receber tarefas restritas, apresentava-se às equipes um vago problema abrangente que lhes dava liberdade para iterar e improvisar e a possibilidade de se desenvolver em direção à sua própria solução. Como resultado, as equipes ágeis da AppFolio eram motivadas, rápidas e mantinham contato próximo com os clientes. Essa autonomia também foi um fator chave na aquisição de talentos. Como os melhores talentos sempre tinham a opção de ir para grandes nomes como o Google, o apelo da AppFolio era a oportunidade de trabalhar com problemas técnicos desafiadores que as próprias pequenas equipes ágeis escolhiam.

Fiel ao Manifesto Ágil, todas as manhãs as equipes realizavam uma reunião "stand-up" – uma reunião presencial na qual os líderes da equipe conversavam com os membros sobre o progresso do trabalho. Como disse Hawkins, "Acreditamos que a conversa cara a cara é a forma de comunicação com maior largura de banda. Permite a rápida tomada de decisão, necessária no desenvolvimento ágil". Hawkins, que supervisionava seis equipes ágeis, também fazia reuniões individuais com cada um de seus 25 subordinados diretos toda semana. Para encorajar uma troca colaborativa, ele costumava propor reuniões ao ar livre, em uma caminhada casual, lado a lado, sob o sol da Califórnia, em vez de sentados frente a frente ao redor de uma mesa.

No espírito do método ágil, Hawkins costumava aproveitar ao máximo as capacidades *full stack* de seus engenheiros, movendo-os regularmente entre as equipes para garantir que cada projeto tivesse a melhor programação para seus objetivos específicos. Ao mudar de equipe, os membros conheciam outras pessoas e expandiam sua familiaridade com outros funcionários da AppFolio. O resultado foi uma rede de equipes interconectadas, todas trabalhando juntas na sede de Santa Bárbara – um espaço livre e aberto que incentivava a troca de ideias. Clayton Taylor, designer de experiência do usuário da AppFolio, via isso como um elemento essencial para o sucesso da empresa com a abordagem ágil: "Ser presencial dá a todo mundo pelo menos um conhecimento básico de todos os projetos em andamento. Há uma consciência natural por causa da proximidade". Por exemplo, se a equipe de Tyler quisesse conselhos externos, ele podia andar alguns metros e perguntar a qualquer colega que havia conhecido pessoalmente em equipes ágeis anteriores. As conversas no escritório com frequência continuavam após o trabalho, bebendo alguma coisa.

Hawkins caracterizava a atmosfera colaborativa do escritório da AppFolio como "motivada por interrupções"; seu papel como líder era estar presente, sem ser autoritário; estar disponível sempre que os membros de sua equipe precisassem de orientação, mas de modo geral sem intervenção. Hawkins valorizava a oportunidade de ver seus colegas de equipe no escritório. Ele adotou a política de portas abertas; qualquer um poderia passar por sua mesa para fazer uma pergunta ou pedir ajuda. Ele via seu trabalho como um processo iterativo de resposta às necessidades de sua equipe, à medida que surgiam e em tempo real.

AppFolio vira remota

Como muitas empresas no mundo todo, toda a existência da AppFolio mudou abrupta e dramaticamente em 2020. Quando a covid-19 colocou os Estados Unidos em *lockdown* do dia para a noite, a mudança repentina da AppFolio para o modelo remoto representou um desafio direto para as práticas de trabalho em equipe ágil da empresa. Embora Hawkins e sua equipe inicialmente tenham enfrentado a mudança com otimismo, uma semana em formato remoto teve um impacto imediato. Como disse Hawkins, "Nós começamos a correr. Houve muito entusiasmo e energia de início. As pessoas diziam: 'Muito bem, está dando certo. Estamos todos juntos nessa. Estamos trabalhando em casa e vamos seguir em frente' e, ao final daquela semana, eu estava acabado; estava exausto. No início da semana seguinte, perguntei a outras pessoas como se sentiam, e elas disseram: 'Nossa, não sei quantas mais dessas videoconferências consecutivas consigo fazer'".

Hawkins imediatamente percebeu que a maneira costumeira de colaboração não funcionava em um contexto virtual. Todos os ingredientes que faziam parte da cultura colaborativa "motivada pela interrupção" do trabalho em equipe ágil da AppFolio, como Hawkins descreveu, de repente desapareceram. Não era mais possível se reunir espontaneamente para uma conversa rápida quando surgia um problema. O escritório havia sido construído para dar suporte a um processo que envolvia, segundo Hawkins, "atrito zero". Agora, todos estavam separados, na própria casa, trabalhando nas novas condições remotas. A videoconferência substituiu uma caminhada ao sol.

As equipes ágeis da AppFolio prosperaram nos ritmos naturais das interações informais quando trabalhavam no mesmo escritório. Como Tyler afirmou, o modelo presencial foi crucial para a liberdade das equipes de improvisar e inovar por meio de trocas orgânicas. Uma conversa casual sobre uma série da Netflix pode levar a

Capítulo 5

uma intensa sessão de *brainstorming* sobre um novo projeto. Mas no modo virtual, esses ritmos naturais eram inacessíveis. As interações das pessoas ficaram confinadas a uma combinação de texto, áudio e vídeo em alguns horários do dia. Conversas casuais e sinais não verbais, como gestos e expressões faciais – elementos-chave da interação presencial no local de trabalho – se perderam.

Hawkins percebeu que a ausência desses sinais não verbais tornava mais difícil para os membros da equipe saber quando falar e quando ouvir. Como resultado, muitas vezes, os colegas falavam uns por cima dos outros sem querer, e as reuniões virtuais começavam a parecer lotadas. Por outro lado, as reuniões individuais em um ambiente virtual podem parecer artificiais e não naturais – o oposto das caminhadas informais ao ar livre quando os membros da equipe estavam juntos na sede de Santa Bárbara. Aquelas primeiras duas semanas de trabalho fora do escritório foram difíceis.

Mas, por fim, a AppFolio encontrou maneiras ágeis de trabalhar remotamente. Em alguns casos, como a equipe percebeu, estar em casa tem suas vantagens. A transição que fizeram demonstra por que, quando têm escolha, muitas pessoas optam por uma versão híbrida, trabalhando remotamente de casa e indo ao escritório.

Como a transição da AppFolio para o trabalho remoto ilustra, os métodos ágeis e o trabalho remoto *não* são incompatíveis, apesar do que possa afirmar a doutrina original. De muitas maneiras, equipes ágeis podem manter o espírito do manifesto enquanto adaptam algumas de suas práticas. Hawkins admitiu que apenas 10% a 20% do que suas equipes devem realizar em uma determinada semana são tarefas de fato colaborativas ou criativas. O resto do trabalho é individual e focado. Para sua surpresa, ele descobriu que os membros de sua equipe eram muito mais eficientes e produtivos fazendo o trabalho focado *sem* a distração de ter outros colegas por perto. Hawkins chegou à conclusão de que esse benefício pode superar o custo de perder as atividades colaborativas que suas equipes realizavam havia muito tempo.

Facilitando a transição para o trabalho remoto

De modo geral, descobri que as equipes que haviam definido com antecedência regras individuais para comunicação ou outras formas de atuar em conjunto estavam bem preparadas para a transição ao trabalho remoto. Por exemplo, os membros de uma equipe ágil estavam acostumados a expressar preferências individuais sobre o que fazer quando estivessem usando fones de ouvido. Um membro instruiu os demais a "só me dar um tapinha no ombro" para chamar sua atenção. Outro afirmou que preferia que os outros "me mandem uma mensagem no Slack para ver se posso parar o que estou fazendo" antes de interromper com uma pergunta. Esse nível de conforto em relação às necessidades individuais se traduziu bem no trabalho remoto, permitindo que os membros da equipe dissessem claramente quais tipos de programação ou comunicação funcionava melhor para eles trabalhando de casa.

Equipes que tenham incorporado plataformas digitais em reuniões com alguns membros presentes e outros distantes também estão preparadas para um extenso trabalho remoto. Por exemplo, uma multinacional com sede nos Estados Unidos por muito tempo dependeu da reserva de salas de reuniões específicas em seu prédio para a maior equipe de *sprint*. Embora a empresa fosse ostensivamente presencial, cerca de 30% da equipe participava da reunião remotamente – porque estava em escritórios em outro estado, outro país, ou simplesmente porque precisava estar em casa naquele dia para, por exemplo, esperar o encanador – digitando um número para entrar em uma sala específica. Surgiam problemas técnicos para os membros remotos que tentavam fazer login se tivessem que trocar de sala de última hora devido a restrições de agendamento das salas de reunião, que costumavam ter alta demanda.

No entanto, pouco antes da paralisação causada pela pandemia, a equipe ágil passou a usar uma plataforma de mídia social interna que se integra a e-mails de clientes e ao celular das pessoas. A plataforma permitia que todos ligassem remotamente para um número específico, em vez de para um local físico definido, eliminando as confusões técnicas anteriores. Depois que a equipe passou para o trabalho remoto em tempo integral, as regras para agendamento de reuniões já estavam estabelecidas, tornando a transição muito mais fácil. Os membros da equipe já haviam mudado a mentalidade: em vez de marcar uma reunião em um local específico – uma sala de reunião –, agendar para um horário específico acessível por um número.

Melhores práticas para equipes ágeis remotas

Entre as equipes ágeis remotas que estudei – recém-estabelecidas e recém-formadas –, encontrei cinco práticas comuns que permitem às pessoas gerar e manter energia produtiva colaborativa em um formato remoto. Em cada uma, os recursos inerentes ao trabalho remoto – como eficiência e velocidade – não só eram compatíveis com o método ágil, mas também diretamente relacionados. Equipes ágeis remotas não ficam em segunda categoria em relação às presenciais. Com alguns ajustes, em alguns casos, princípios ágeis podem funcionar melhor em equipes que *não* trabalham presencialmente em um local físico comum.

Prepare sozinho, termine em sincronia

A adaptação de métodos ágeis a um contexto remoto exige uma transição da colaboração constante para práticas que combinem tarefas individuais autodirigidas do próprio cronograma do funcionário com esforços de colaboração em tempo real. Ou seja, o trabalho remoto exige que os membros da equipe trabalhem de forma assíncrona, a fim de lubrificar o processo ágil de colaboração espontânea cara a cara. Ter um tempo individual antes de trabalhar ou pensar em questões que antes eram resolvidas em tempo real se torna fundamental. Enviar tópicos simples antes das reuniões virtuais ou pedir aos membros da equipe para refletir sobre os principais itens antes da reunião ajuda a manter os encontros curtos e eficientes, como exigem as abordagens ágeis.

As plataformas de reunião virtual não fornecem as condições naturais para o *brainstorming* em tempo real. Como resultado, pedir aos membros da equipe para anotar ideias em uma plataforma compartilhada antes do *brainstorming* de grupo é uma mudança importante na colaboração ágil remota. Como pontapé inicial para propor ideias, uma equipe pode usar qualquer forma de comunicação assíncrona

Capítulo 5

com que esteja acostumada. Por exemplo, antes de uma reunião virtual, os membros podem redigir suas ideias em e-mails, mídia social interna ou documentos compartilháveis para que o restante da equipe possa revisar e comentar. Quando a equipe se reunir, todos podem começar imediatamente a avaliar certas ideias ou focar nos problemas que precisam resolver, em vez de gastar um tempo valioso discutindo-os antes de mais nada.

Brainstorming por documentos compartilhados

Curiosamente, em conversas com equipes ágeis que foram do trabalho presencial ao remoto, os membros expressam que os arranjos virtuais *aproximaram mais* a equipe do ideal ágil que o método presencial. O uso de ferramentas de colaboração assíncrona, como o Google Docs, permite que a equipe itere constantemente sem as restrições dos "guarda-corpos" ou os limites de um dia de trabalho presencial convencional. Os membros podem fazer comentários ou sugestões sobre algo compartilhado sempre que uma ideia surgir, em seu próprio tempo, em vez de esperar o momento apropriado para abordar o assunto com colegas no escritório durante as reuniões preestabelecidas, ou quando um colega parecer não estar ocupado. Por esse motivo, as práticas ágeis remotas que exigem um foco dedicado na interação com ideias reais em constante iteração podem estar mais alinhadas com a premissa ágil que a prática presencial de *huddles* informais diante de um quadro branco, que não podem ser salvas para uma discussão posterior – a não ser por foto.

Para gestores, esse método é especialmente útil para divulgar uma ideia e fazer a equipe tomar uma decisão rápido. Se você tem uma ideia colaborativa que deseja vender, é útil escrevê-la em um documento informal, compartilhá-lo com a equipe e permitir que as pessoas comentem de um jeito assíncrono. Em outras palavras, deixe a ideia convergir naturalmente conforme as pessoas forem se envolvendo com ela, em seu próprio tempo. Depois que todos tiverem a chance de comentar e oferecer sugestões, os gestores podem convocar a equipe para uma reunião virtual para discutir preocupações remanescentes ou comentários finais. Como todos tiveram a chance de transmitir suas ideias em formatos escritos – guardados para referência futura –, chegar a uma decisão costuma ser muito mais fácil que discutindo tudo presencialmente.

Aperfeiçoe o huddle

O sustentáculo da equipe ágil presencial é a reunião stand-up diária. O costume das equipes presenciais é que alguém apresente seu trabalho nessa reunião, e os membros da equipe contribuam sempre que tiverem um *insight*. As pessoas se manifestam, em estilo *ad hoc*, em cada parte do trabalho. Quando todos estão sentados em uma sala, a eficácia depende, em parte, da capacidade das pessoas de entender sinais sociais e ver que o outro está prestes a falar. Claramente, isso não funciona mais durante reuniões virtuais.

O trabalho remoto requer novos costumes em reuniões. É necessário um pouco mais de orquestração. Uma opção é dar a cada pessoa um tempo para falar sem interrupção antes de passar o bastão virtual ao próximo. Essa abordagem elimina o problema de as pessoas falarem todas ao mesmo tempo, ou tentarem "ler" uma sala virtual que não pode ser lida.

Capítulo 5

Um desafio que equipes ágeis grandes – de até nove ou dez pessoas – encontram ao trabalhar virtualmente é a capacidade de oferecer contribuições fáceis usando tecnologia de mediação. Em uma reunião remota, é difícil acomodar dez vozes interrompendo e falando simultaneamente. Reduzir o número de pessoas em uma reunião virtual nos estágios iniciais de um projeto pode ajudar a focar a comunicação. Fazer reuniões com um pequeno grupo multifuncional que inclua, por exemplo, um engenheiro, um gerente de projeto e um designer, também pode acelerar a tomada de decisões. Uma vez que o grupo menor tenha definido algumas preliminares, mais pessoas podem entrar para contribuir com outras opiniões e mais energia.

As reuniões virtuais podem ser mais eficientes que as presenciais. Embora regras ágeis rígidas exijam que uma reunião diária dure quinze minutos, na realidade, pode ser difícil para as equipes cumprir essa parte. A reunião "stand-up" diária foi projetada para dar a cada membro dois ou três minutos para apresentar um relatório de progresso; portanto, se uma equipe tem seis membros, o ideal é que a reunião dure de 12 a 18 minutos. Mas esperar que a sala se esvazie de uma reunião anterior, conectar e desligar computadores das tomadas e bater papo depois da reunião também tomam tempo. Considerando tudo isso, a reunião pode ter durado cerca de trinta minutos, em vez de quinze.

As reuniões virtuais contornam a maioria dessas complicações. Se as pessoas "chegarem" cedo, antes que a equipe toda esteja presente, podem fazer alguma tarefa curta, como enviar um e-mail. A transição de volta ao trabalho também é mais fácil após uma reunião virtual – basta desconectar do aplicativo, em vez de ter que sair de uma sala e voltar a outra.

As reuniões virtuais se beneficiam de dois tipos de ferramentas digitais que são menos viáveis para reuniões presenciais. A primeira são os quadros brancos virtuais, que são mais fáceis de enxergar em uma tela que os quadros brancos no escritório físico, onde sua visão pode estar bloqueada se você estiver sentado em um ângulo estranho. A segunda é o compartilhamento de tela, que os membros da equipe podem alternar para ter uma visão completa do trabalho de figuras específicas – muito mais eficiente que olhar o computador de alguém por cima do ombro quando estamos no escritório.

Defina regras digitais

Equipes remotas estabelecem normas que identificam quais plataformas de comunicação digital são mais adequadas para determinadas formas de correspondência. Por exemplo, o e-mail pode ser considerado mais adequado para solicitações formais, mas não urgentes, ao passo que os aplicativos de mensagens instantâneas podem ser mais apropriados para uma solicitação menos formal, mas mais urgente. As chamadas telefônicas podem ser usadas para um follow-up rápido. Mesmo que os ambientes físicos sejam montados para dar aos membros da equipe acesso a bate-papos ou encontros individuais rápidos, nem toda equipe ágil presencial trabalha em configurações arquitetônicas favoráveis. Quando as pessoas são transferidas de uma equipe para outra de acordo com a demanda dos projetos, podem acabar fisicamente longe. Décadas atrás, antes do surgimento dos celulares, os funcionários usavam um telefone fixo corporativo para falar com um membro da equipe localizado dois andares acima ou três abaixo. A tecnologia digital deu início a salas de chat e mensagens instantâneas para a comunicação sobre assuntos informais que não exigissem atravessar o corredor e visitar o cubículo de um colega para um follow-up informal. No trabalho remoto, usar o celular pessoal para ligar para um colega da equipe se tornou um substituto para o follow-up rápido no cubículo, deixando as mensagens de texto – mais lentas e trabalhosas – de novo relegadas a assuntos que exijam pouca ou nenhuma discussão. Especialmente quando a pessoa trabalha em casa, tem crianças pequenas e fica sentada em frente à tela do computador com fones de ouvido com cancelamento de ruído, é mais fácil de fazer uma ligação rápida e espontânea.

Como a comunicação virtual pode ocorrer a qualquer hora do dia ou da noite, enquanto a interação presencial em um escritório é limitada por horários mais padronizados, os gestores precisam estabelecer diretrizes sobre quando se comunicar – e mais importante, quando *não* se comunicar –, a fim de preservar os limites entre as responsabilidades profissionais e não profissionais.

Solicite feedbacks anônimos

A colaboração da equipe ágil é baseada na prática de honestidade, confiança e comunicação sincera. Os membros conversam entre si, em vez de direcionar os comentários a um supervisor. A metodologia ágil tem avaliações retrospectivas, ou "sprints", ao final de cada segmento, onde os membros da equipe podem colar notas anônimas em Post-its em uma parede específica, dizendo do que gostaram na experiência, do que não gostaram, quais ideias surgiram e o que há para comemorar.

Porém, honestidade, confiança e comunicação sincera nem sempre são fáceis de manter em uma equipe íntima e presencial, e são ainda mais difíceis em equipes ágeis que sejam remotas, extensas, numerosas ou as três opções. No entanto, o feedback contínuo e a comunicação honesta sobre os processos e a dinâmica da equipe ainda são cruciais. Em equipes remotas, os líderes podem usar ferramentas interativas para reunir dados em tempo real sobre a experiência das pessoas. Por exemplo, durante uma reunião virtual, os colegas podem enviar perguntas anônimas, ideias ou preocupações sobre o tópico em discussão. Simultaneamente, o líder da equipe pode realizar uma pesquisa anônima para coletar opiniões.

Os recursos anônimos das ferramentas digitais permitem que os comentários sejam realmente sinceros, o que, por sua vez, pode ajudar as equipes a aprender com os erros e melhorar sem medo das repercussões. Os membros que estiverem insatisfeitos com um problema específico podem expressar suas preocupações nas pesquisas. Nuvens de palavras compostas por essas respostas anônimas podem ser transmitidas durante uma reunião para estimular a conversa ou solicitar feedback instantâneo. Essas ferramentas digitais oferecem oportunidades que as interações pessoais podem inibir. As pessoas costumam hesitar em comunicar pensamentos e comentários sem filtro em um grupo. Em várias equipes ágeis, o feedback em tempo real pode trazer informações para a produtividade da equipe e, de modo mais amplo, do departamento dentro da organização, oferecendo uma ampla escala de análise.

Os princípios do método ágil podem servir para equipes que *não* trabalham cara a cara em um escritório físico comum.

Capítulo 5

Tradicionalmente, um requisito básico para o trabalho ágil eram equipes pequenas e presenciais, pensadas para permitir breves reuniões diárias; todos relatavam o progresso até o momento, discutiam os problemas à medida que surgiam e colaboravam nas próximas etapas. Empresas multinacionais, umas das primeiras a enxergar como equipes ágeis podiam trabalhar remotamente, disseminaram com sucesso métodos e filosofia ágeis entre equipes distribuídas. Com alguns ajustes em alguns casos, as equipes ágeis remotas não deixam a desejar em relação às presenciais.

Sucesso de qualquer lugar: equipes remotas ágeis

- **Prepare-se para reuniões virtuais de forma assíncrona.** *Brainstorming* por e-mails ou documentos compartilhados antes da reunião permite a colaboração espontânea. Como todos tiveram a chance de comunicar suas ideias de forma escrita – que serão guardadas para referências futuras –, em geral, chegar a uma decisão é muito mais fácil que debater tudo em um escritório.

- **Orquestre deliberadamente reuniões diárias ou frequentes.** Reserve um tempo para cada pessoa falar sem interrupção antes de passar o bastão virtual para o próximo. As reuniões preliminares podem ser realizadas com um pequeno grupo multifuncional antes de reunir a equipe maior para mais discussões.

- **Aproveite as vantagens exclusivas que as reuniões virtuais oferecem.** Os indivíduos têm controle sobre seu horário de trabalho assíncrono, o que ajuda a equipe. Use quadros brancos virtuais e alterne o compartilhamento de tela para aumentar a eficiência.

- **Avaliações e reavaliações frequentes são cruciais.** (Conforme descrito no capítulo 1). Como os membros da equipe remota dependem da comunicação digital, telefone, e-mail, mensagens de texto e videoconferência, precisam fazer um esforço para manter contato, e o grupo precisa definir normas sobre que tipo de comunicação usar e quando.

- **Colabore usando ferramentas digitais para manter a continuidade.** Ao contrário dos *huddles* em frente a um quadro branco ou bebedouro, os membros da equipe que usam ferramentas digitais para se comunicar conseguem capturar o resultado de seu trabalho. Em vez de desaparecer no ar, surgem itens que podem ser modificados, melhorados ou revisitados para o trabalho em grupo subsequente.

CAPÍTULO 6

Como minha equipe global pode ter sucesso mesmo com as diferenças?

Se você foi criado na cultura ocidental, deve ter aprendido que fazer contato visual ao falar com outra pessoa projeta confiança e honestidade. Se foi criado em outras partes do mundo, pode achar o contato visual direto rude ou ameaçador, especialmente se não conhece bem o outro. Quando pessoas criadas nessas duas culturas diferentes trabalham juntas em uma equipe, um norte-americano pode, sem querer, deixar seu colega constrangido. O membro da equipe que não está acostumado com contato visual direto pode, sem querer, transmitir um ar de desinteresse pelo projeto, quando não é o caso. Esse é apenas um pequeno exemplo das diferenças culturais que afetam as equipes globais que trabalham em diferentes locais. A maneira como nos cumprimentamos, fechamos negócios, tomamos decisões, falamos com figuras de autoridade, e muito mais, são comportamentos que seguem normas culturais que diferem dependendo da localização da pessoa no mundo.

As diferenças culturais são inerentes a equipes globais remotas. Como no Capítulo 2, a interação entre como nos vemos e como os outros nos veem é um processo dinâmico que influencia nossos comportamentos e nossas emoções. Muitas vezes, achamos mais fácil alinhar nossas autopercepções – como "contato visual projeta confiança" – e as dos outros de nós mesmos – como "contato visual é algo ameaçador" – cercando-nos de outras pessoas que pensam da mesma forma; mas isso se torna impossível quando trabalhamos em uma equipe global composta por pessoas de diferentes origens culturais. Por meio de nossas interações, estamos constantemente dando sinais que demonstram como achamos que somos percebidos. Alguém que espera ser visto pelos membros de sua equipe como um líder pode obter o apoio de colegas antigos, fazer referências frequentes às suas próprias habilidades e experiências e assumir controle informal sobre os processos da equipe. Em um ambiente global que, por sua própria natureza, inclui diferenças culturais, encontrar uma maneira de negociar e equilibrar nossa própria percepção e a dos outros sobre quem somos pode ser um desafio significativo. Se não forem abordadas, as diferenças culturais podem corroer o ânimo da equipe, abalar a confiança, criar desacordos e diminuir o desempenho.

As empresas costumam adotar lemas inspiradores ou marcar um evento anual para celebrar a diversidade como tratamentos essenciais para problemas culturais. Esses gestos são importantes, mas não resolvem os problemas do dia a dia que surgem para equipes distribuídas globalmente que, provavelmente, têm membros de várias nacionalidades. A construção de interesses comuns produtivos e positivos, com confiança e compreensão mútuas, em vez de apenas se abster de observações ou ações insensíveis, deve ser realizada de forma contínua. Você não pode simplesmente memorizar uma lista de "o que fazer e o que não fazer" para cada cultura, porque esse é uma forma limitada de aumentar o entendimento e porque isso logo recai no campo do estereótipo. Nem todas as pessoas de uma cultura terão necessariamente um determinado conjunto de valores ou se comportarão da mesma maneira. As equipes devem fazer um trabalho mais profundo para desenvolver a compreensão de como os outros veem o mundo e de como percebem seus próprios comportamentos.

Neste capítulo, você aprenderá a abordar o trabalho mais profundo que permite que você, e todos os outros da equipe, operem para além das diferenças culturais. Primeiro, a fim de compreender a extensão dos problemas que as diferenças culturais e de idioma apresentam para equipes distribuídas globalmente, daremos uma olhada abrangente na situação enfrentada por Tariq Khan, um novo gestor contratado por uma empresa petroquímica multinacional com um grupo de funcionários tão diverso que dezoito línguas eram faladas. Seus fracassos em relação às diferenças eram crônicos e persistentes. Em seguida, você lerá sobre a história e as consequências do que os sociólogos chamam de distância psicológica, uma causa primordial que as equipes globais devem abordar, e como Khan conseguiu transformar essa equipe global cheia de conflitos e de baixo desempenho. A última parte do capítulo oferece uma ampla discussão

Capítulo 6

sobre ações e abordagens mitigantes que utilizo ao trabalhar com líderes de equipes globais.

Vinte e sete países, dezoito idiomas e uma equipe problemática

Tarde da noite, no escritório da Tek, em Dubai, Tariq Khan sentou-se à mesa de reunião com três executivos sêniores que haviam passado as últimas 16 horas discutindo por que a equipe global de vendas e marketing tinha desmoronado tão desastrosamente.[1] A empresa petroquímica tinha acabado de oferecer a Khan o ilustre cargo de liderar um grande grupo distribuído globalmente, constituído de 68 membros originários de 27 países, que falavam dezoito línguas (incluindo muitos dialetos), e cujas idades variavam de 22 a 61 anos. A oferta de trabalho demonstrou o alto potencial de liderança de Khan e o sucesso precoce em suas funções anteriores na Tek.

No entanto, as apostas eram altas. As probabilidades estavam contra Khan. Em dois anos, as margens operacionais da equipe caíram de 61% para 48%, as margens de lucro líquido de 46 milhões de dólares, para 35 milhões de dólares, e a participação de mercado, de 27% para 22%. A satisfação dos funcionários também caiu de 68% para 36%. O gestor que estava da saída havia renunciado ao cargo humilhado. Suas palavras de despedida para Khan foram cruéis, "Ouça, Tariq, vou ser completamente honesto com você: a situação está fora de controle. Este cargo arruinou minha reputação aqui, não tenho escolha a não ser ir embora. Se eu fosse você, pensaria duas vezes antes de assumir".

As palavras ameaçadoras do antecessor ecoaram na cabeça de Khan durante sua conversa com os executivos naquela noite em Dubai. Ele havia agendado uma longa reunião com os executivos Sunil, Lars e Ramazan esperando obter respostas, mas as teorias concorrentes só causaram mais dúvidas.

A discordância era palpável desde o minuto em que Khan entrou na sala de reunião naquela manhã. Cada executivo tinha uma explicação para o declínio abrupto da equipe. Sunil, um indiano que trabalha no Líbano, culpava o mercado pelos recentes fracassos financeiros do grupo, alegando que os aumentos de preço do óleo base estavam pressionando as margens da equipe. Lars, um expatriado da Suécia, discordava veementemente. Em tom acusatório, ele atribuiu os problemas às marcas ruins que confundiam os clientes e a remessas fracassadas, o que prejudicou as relações com parceiros iranianos e iemenitas.

Sunil não dava nenhuma indicação de ouvir o que Lars dizia; ele mudou de assunto e começou a criticar a estrutura de remuneração da equipe. Destacou que a parcela variável dos salários era baseada no volume e na receita, e não nos ganhos ou nas margens. Assim, quando os preços subiam, os vendedores conseguiam cumprir metas de receita vendendo menos, enquanto o custo dos produtos vendidos ainda aumentava e comprimia ainda mais as margens.

Os executivos estavam tão decididos a vencer a discussão e, efetivamente, culpar os colegas, que Khan achou que tinham esquecido dele – sem falar do propósito dos próprios cargos. Ramazan, um membro cazaque da liderança que havia ficado em silêncio até então, opinou sobre o motivo pelo qual as coisas tinham dado errado.

Capítulo 6

Ele colocou a culpa do desempenho fraco em uma abordagem ilógica de definição de metas, que dividiu as metas de vendas mundiais em regiões e, em seguida, dividiu ainda mais as metas regionais entre os países constituintes. Como resultado, as equipes de cada país tentaram transferir a responsabilidade para outros países, tendo, intencionalmente, um baixo desempenho para garantir que as metas fossem atingidas.

Depois de horas de discussões acaloradas entre os executivos, Ramazan perdeu o controle. Ele apontou o dedo para Lars e gritou, "Certo, vou dizer por que não consegui atingir a meta no ano passado. Por causa dele!".

Lars se levantou: "Eu poderia ter atendido àquele pedido", gritou. "Lembra aqueles cem quilolitros que perdemos porque você não conseguiu entregar? Não foi possível entregar porque seu pessoal não fez o envio no prazo." E a briga continuou.

Os desentendimentos da equipe não acabavam. Um dia antes da conversa com esses executivos, Khan participou de uma reunião com toda a equipe – 68 pessoas – pela primeira vez. Ficou surpreso com o que viu e ouviu. Antes de começar, a sala era uma cacofonia de diferentes idiomas – inglês em um canto, russo em outro e árabe num terceiro. As pessoas se isolavam em subgrupos com base em sua língua nativa. Embora todos falassem inglês, ele notou níveis variados de fluência que exacerbavam a divisão entre os grupos – anglófonos nativos falavam rápido, pareciam engolir as palavras, ao passo que pessoas menos fluentes ficavam em silêncio e pareciam hesitantes em se manifestar. Ele percebeu que as panelinhas baseadas no idioma também tinham tradições religiosas e culturais em comum.

Khan estava com dor de cabeça. Não estava muito perto de entender a causa da queda nas receitas da empresa, mas suspeitava que pudesse ter algo a ver com a profunda discordância na sala. Antes, ele havia embarcado em uma excursão turbulenta com Sunil, Lars e Ramazan pelos escritórios do grupo no Oriente Médio e na Ásia Central e do Sul. Uma reunião com Farah – um sócio do atendimento ao cliente – fora particularmente emblemática em suas visitas. Farah disse que nem sequer estava ciente da queda drástica no desempenho da equipe. Além do mais, confidenciou a Khan que estava procurando em sua função algo em que acreditar e pelo que se apaixonar.

A viagem também levou Khan a outra descoberta crucial. Enquanto esteve no Uzbequistão, saiu para jantar com Lars, alguns outros membros da equipe e alguns clientes cazaques. Depois de discutir os planos para um novo acordo, os clientes cazaques propuseram um brinde comemorativo com vodca, uma forte tradição local para selar o fechamento de um negócio. Quando Mohammed, um membro saudita da equipe, educadamente se recusou a beber por motivos religiosos, Lars disse a ele: "Beba e pronto".

Mohammed não respondeu. Em voz alta e desdenhosa, Lars acrescentou: "Quem sabe quando os sauditas entrarão no século XXI?".

Constrangida, a mesa toda ficou em silêncio. Mohammed baixou os olhos. Khan tinha ouvido boatos de que Lars debochava das práticas locais durante viagens de negócios e ridicularizava o fraco domínio do inglês dos colegas. Nesse momento, ele estava vendo a insensibilidade cultural de Lars em ação.

Capítulo 6

Tariq queria o emprego, mas não sabia se conseguiria dar a volta por cima em uma empresa cujas diferenças pareciam tão profundas.

Perto, porém longe – estranhos

Para entender uma das profundas razões pelas quais tantas pessoas têm dificuldade para navegar pelas diferenças culturais e linguísticas, voltemos a 1908, quando Georg Simmel publicou um artigo intitulado "The Stranger".[2] Nele, o sociólogo alemão pioneiro questionava o que acontece quando um grupo encontra uma pessoa que é semelhante em alguns aspectos ao protótipo do grupo, mas também é diferente. Ele imaginou essa pessoa como um viajante, uma espécie de comerciante entrando em uma vila restrita onde todos se conhecem, talvez por toda a vida. O comerciante é alguém que está próximo do grupo no espaço físico, mas distante no que pode ser considerado um espaço social ou psicológico. Talvez ele se vista de maneira diferente do pessoal da aldeia, ou fale a língua deles com um sotaque que evidencia que ele viveu em outro lugar. Esse arquétipo imaginário, um estranho, tornou-se uma ideia organizadora em torno da qual o pensamento de Simmel se cristalizou, cresceu e, por fim, produziu percepções que podem nos ajudar a unir a maior parte dos grupos globais da atualidade.

De certa forma, o próprio Simmel era um viajante forasteiro. Embora tenha passado a maior parte da vida em Berlim, onde nasceu em 1858, ele não se encaixava confortavelmente nas rígidas disciplinas acadêmicas de seu tempo e lugar. Como judeu, ele era considerado um estranho pela sociedade alemã. Além disso, foi parte filósofo e parte cientista, com forte ligação com as artes. Tocava piano e violino, casou-se com uma artista e escreveu sobre Rembrandt. Na Universidade de Berlim, foi um estudioso popular, cujas palestras foram assistidas por uma multidão de intelectuais visitantes. No entanto, por ser diferente da maioria das pessoas de seu meio, muitos o consideravam um estranho, de quem se sentiam psicologicamente distantes.

Nem seu ecletismo nem sua popularidade despertaram muita simpatia no sistema acadêmico de Berlim. Mesmo depois de se tornar professor, foi-lhe negada uma cátedra. Talvez tenha sido ofuscado por alguns de seus colegas mais bem posicionados no florescente campo da sociologia por nunca ter alcançado uma alta posição acadêmica. Na verdade, Simmel só se tornou amplamente conhecido na década de 1960, quando foi redescoberto por uma geração de sociólogos dispostos a abraçar suas ambições interdisciplinares, bem como seu estilo de escrita metafórico, quase poético. Seus redescobridores concluíram que, com o passar do tempo, as metáforas de Simmel se tornaram cada vez mais relevantes.

Simmel percebeu que, no ambiente urbano moderno, a proximidade física coexiste, inevitavelmente, com a distância psicológica. Os moradores das zonas urbanas estão acostumados a trabalhar e viver com outras pessoas que falam línguas diferentes (ou falam a língua dominante em vários graus de fluência), e seguem normas culturais diferentes na vida cotidiana. Em uma cidade, é improvável que as pessoas que passam pela rua conheçam a família ou a história umas das outras como em uma aldeia pequena.

A ideia da distância psicológica é crucial para entender a disfunção da equipe global, bem como para remediá-la. Isso porque a distância

Capítulo 6

163

psicológica agora é reconhecida como uma característica não apenas do ambiente de vida moderno, mas de grupos de todos os tipos. Ela se refere ao nível de *conexão emocional ou cognitiva* entre os membros. Se uma equipe se entende ou tem empatia entre si, a distância psicológica é baixa, e as conexões empáticas permitem o reparo das inevitáveis fissuras. Se os membros não se entendem ou não têm empatia, a distância psicológica é alta, e as fissuras aumentam. Equipes distribuídas globalmente são criadouros de alta distância psicológica.

Reduzindo a distância psicológica

Se os membros da equipe de Tariq Kahn trabalhassem juntos, teriam se olhado inúmeras vezes por dia. Teriam sido forçados a ver as expressões faciais e a linguagem corporal um do outro, e a ouvir os comentários. Provavelmente teriam feito uma refeição juntos em algum momento. Teriam se cruzado no corredor e notado os círculos de amizade formados. Poderiam ter socializado. De vez em quando, teriam ouvido os telefonemas familiares dos colegas. Querendo ou não, teriam desenvolvido concepções multidimensionais uns dos outros que poderiam ter acomodado suas diferenças culturais. É por meio dessa compreensão de muitas camadas que as conexões se desenvolvem, a empatia aumenta, e a distância psicológica diminui. Você pode não amar seus colegas, ou nem mesmo gostar muito deles, mas compartilhar espaço e tempo com eles incentiva a formação de uma conexão empática.

As equipes globais estão para as equipes presenciais como a vida urbana estava para a vida nas pequenas aldeias. Quando grande parte do mundo migrou para o trabalho de casa devido à pandemia de covid-19, a nova classe de trabalhadores remotos aprendeu o que as equipes globais já sabiam há algum tempo: comunicar-se por videoconferência durante cerca de uma hora, não importa qual seja a tecnologia, é qualitativamente diferente de passar muito tempo juntos em um escritório. Não só se perdem as interações espontâneas nos papos de corredor e o conhecimento multidimensional um do outro, como também, por se passar menos tempo em proximidade física, a distância psicológica aumenta.

A redução da distância psicológica pode mudar a cultura da equipe – de contenção e fragmentação para empatia, respeito e confiança. Quando bem-feita, a distância geográfica e a diversidade nacional que marcam as equipes globais podem ser uma fonte de força e valor, que destaca uma equipe entre muitas.

Linguagem como força unificadora

A comunicação é fundamental para o funcionamento de qualquer equipe. Em equipes globais, nas quais os membros raramente compartilham a mesma língua materna, o idioma costuma ser um divisor, criando lacunas de comunicação que tendem a aumentar a distância psicológica. Esse é um tópico imenso – escrevi um livro inteiro sobre ele –, mas basta dizer que o desafio que as equipes enfrentam é minimizar a divisão pela língua e restaurar seu poder unificador.[3]

Nas equipes globais de hoje, o inglês é a língua comum ou franca. Pelo menos uma a cada quatro pessoas no mundo hoje fala um nível útil de inglês, e há mais de um bilhão de anglófonos fluentes. O inglês é considerado relativamente fácil de aprender por causa de sua gramática flexível e da falta de formas masculinas e femininas, mas sua dominância nos negócios se deve, em grande parte, à longa história da Grã-Bretanha colonial e ao status dos Estados Unidos como uma superpotência internacional. Embora algum nível de fluência em inglês seja normalmente necessário para trabalhar em uma multinacional, a realidade é que a fluência varia entre os membros da equipe para quem o inglês não é a língua materna.

Os líderes de equipes globais precisam administrar uma série de desafios que essa variação apresenta. Se o inglês como língua comum foi recentemente adotado na empresa como uma medida unificadora, os líderes devem perceber que é apenas o primeiro passo no processo de organização de uma equipe. Mesmo quando o inglês já foi estabelecido como política dentro da organização, uma língua franca faz emergir seus próprios desafios rumo ao poder e ao controle, que diferem para falantes nativos e não nativos.

Mais especificamente, quando os funcionários em uma reunião se dividem em subgrupos de acordo com um idioma nativo que os outros da sala não falam, imediatamente criam uma mentalidade "nós contra eles". Como discutimos no Capítulo 2, a confiança e o desempenho tendem a ser baixos quando os subgrupos atuam com essa mentalidade. Quando o grupo dissidente fala entre si em qualquer outro idioma que não o inglês – não importa a familiaridade com o russo, árabe, espanhol etc. –, isola-se e exclui os outros. Eles agem como os aldeões de Simmel, que consideram qualquer pessoa diferente um estranho. Mesmo estando fisicamente na mesma sala, isso aumenta o nível de distância psicológica.

Anglófonos nativos podem criar diferentes desafios para o gestor de uma equipe global. A fluência dos anglófonos nativos com essa língua franca pode levá-los a ganhar mais status dentro da organização do que sua posição real garante. Por falar com muita frequência, rápido demais, sem clareza, ou usar muitas expressões idiomáticas e gírias, eles não só são insensíveis à dificuldade que os não nativos do inglês possam enfrentar para se comunicar, como também reduzem a eficácia do grupo. Podem interpretar erroneamente o silêncio ou a relutância de um colega não nativo como uma ausência de contribuição. Por fim, os falantes nativos correm o risco de desvalorizar incorretamente o desempenho no trabalho dos não nativos por confundir fluência no idioma com competência.

Dois anos depois: a equipe global de Khan

Para combater as ramificações sociais divisoras da dinâmica linguística que Khan encontrou, uma de suas primeiras iniciativas na Tek ao assumir o cargo como gerente geral do grupo de Vendas e Marketing foi exigir que os 68 membros aderissem à política corporativa de adotar o inglês como idioma interno. A Tek estava em sintonia com as multinacionais que resolveram o dilema da barreira do idioma entre seus diversos funcionários por meio de uma língua franca. Mas, na ausência de líderes para preparar os funcionários e ajudá-los a aderir a regras de engajamento destinadas a promover a inclusão, até mesmo a melhor política linguística pode falhar.[4] Nos primeiros meses no novo cargo, Khan achou útil distribuir as regras de engajamento como lembretes. E continuou fazendo isso periodicamente, em especial quando novos funcionários entravam ou quando sentia que a dinâmica da língua estava começando a se desgastar.

Outra ação inicial de Khan foi demitir Lars. Não foi uma decisão fácil. É verdade que Lars tinha um histórico de insensibilidade cultural – como a depreciação de Mohammed por não beber vodca –, além de ser conhecido por sua impaciência com anglófonos não nativos que se esforçavam para falar direito. Lars, cuja língua materna era o sueco, mas que aprendera inglês quando criança, dizia que se *ele* era fluente, não havia motivo para os outros não serem, sem levar em conta a difícil tarefa que é aprender um novo idioma já adulto. Mas ele também era um funcionário veterano qualificado na Tek; sua divisão se distinguia por ganhos mais altos que muitas outras. Khan pensou em tentar trabalhar com Lars, talvez alertá-lo de que seu comportamento precisava mudar, mas no fim decidiu agir com ousadia.

A decisão de demitir Lars foi uma mensagem: que era esperado que a equipe demonstrasse um alto nível de respeito pelos colegas de todas as culturas. Khan sentiu que era simbolicamente importante e essencial estabelecer um novo padrão e tom. Mas ele não se limitou a ações simbólicas. Acrescentou "respeito pelos outros e por suas diferenças culturais" às avaliações anuais de todos os funcionários, com um peso percentual maior dado aos gestores. Foi uma ação importante. Ao instituir a sensibilidade cultural como critério de avaliação, Khan não só ressaltou a importância disso em toda a organização como um padrão pelo qual os funcionários seriam responsabilizados, mas também deu a si mesmo uma vantagem futura, caso surgisse outra "situação Lars".

Se demitir Lars e instituir a sensibilidade cultural como uma medida avaliativa era o "chicote" destinado a punir comportamentos improdutivos, a "cenoura" foi a postura de promover a ideia de que a diversidade era um recurso e uma vantagem competitiva para o grupo. Ele e sua equipe adotaram o lema "Somos diferentes, mas somos um".

Khan promoveu essa transformação, em grande parte, mudando a cultura da equipe. Depois de implementar as mudanças descritas em "Adaptação mútua transcultural" no final do capítulo, a equipe grande, dispersa e diversificada de Khan na Tek havia perdido muito de seu caráter contencioso e da fragmentação anteriores, ganhando compreensão e confiança mútuas. Ao enviar uma mensagem clara de que a diversidade era uma força competitiva, ele conseguiu eliminar a cultura generalizada do "nós contra eles" que havia encontrado, e uniu as pessoas por meio do lema "Somos diferentes, mas somos um". As vendas da equipe cresceram 30% em dois anos, a participação no mercado cresceu 6%, o lucro líquido cresceu 72% e – o que é mais surpreendente – a satisfação dos funcionários passou de tristes 36% para 89%.

Assim como Khan e seu time, as equipes globais podem encontrar força em suas diferenças e expertise. Compreender que as quedas de desempenho podem criar raízes rapidamente em equipes globais é um primeiro passo importante para garantir seu sucesso. A distância psicológica negligenciada pode ser disseminada em equipes globais nas quais os membros trabalham em diferentes locais todo dia. Além do mais, os desafios e padrões podem retornar à medida que as equipes ganham ou perdem membros, mudam ou se separam e se reagrupam. Por esse motivo, a disciplina da comunicação inclusiva e da adaptação mútua é crucial para que as equipes primeiro se tornem e depois se mantenham alinhadas. O trabalho remoto torna os esforços de alinhamento muito mais imperativos.

Conversas inclusivas em reuniões de equipes globais

As equipes globais precisam garantir que os falantes fluentes de inglês aprendam a *diminuir o domínio,* os falantes não fluentes aprendam a *aumentar o engajamento,* e todos, especialmente os gestores, aprendam a se *equilibrar para a inclusão.*

Falantes fluentes diminuem o domínio. Os membros da equipe que falam inglês com proficiência precisam entender a necessidade de todos participarem plenamente das discussões, e tomar medidas conscientes para incluir os demais que não falam fluentemente. Os líderes precisam comunicar a responsabilidade dos falantes fluentes de mudar o tom e o ritmo da discussão, diminuir a velocidade da fala e fazer questão de usar uma linguagem que todos possam entender. Isso em geral significa usar menos expressões idiomáticas ou gírias desconhecidas ao se dirigir ao grupo.

Falantes fluentes precisam ser instruídos a evitar dominar a conversa. Alguns membros da equipe acham útil limitar-se a um determinado número de comentários, dependendo do ritmo e do assunto da reunião. Eles também devem ser incentivados a ouvir com atenção. Em vez de começar imediatamente com seu próprio comentário, os falantes fluentes podem, primeiro, reformular a declaração de outra pessoa para esclarecimento ou ênfase. A dinâmica da reunião é saudável quando falantes fluentes perguntam coisas como "É isso que você está dizendo?". Da mesma forma, verificar se os colegas menos fluentes entenderam o que acabou de ser dito também é muito importante para criar um ambiente inclusivo. Especialmente depois de dizer algo bastante difícil ou longo, falantes fluentes devem fazer uma verificação verbal, perguntando: "Está entendendo o que estou dizendo?". Esses comportamentos de comunicação criam as condições para dar aos falantes menos fluentes a confiança para aderir ao discurso comum, apesar de suas habilidades de linguagem limitadas.

Falantes não fluentes aumentam o engajamento. Os falantes que não são fluentes, ou não são falantes nativos do inglês, devem compartilhar a responsabilidade pela discussão incluindo a si próprios. Embora os líderes precisem ter empatia para com o desconforto que alguns sentem ao falar inglês e dar suporte às oportunidades de aprendizagem do idioma sempre que necessário, é importante convidar os membros da equipe a ser ouvidos com mais frequência, apesar de qualquer desconforto. Alguns falantes não nativos acham útil monitorar a frequência de suas respostas de maneira semelhante aos falantes fluentes, mas com um objetivo diferente: falar mais. De novo, dependendo do ritmo da reunião, os membros tentam fazer um certo número de contribuições verbais dentro de um determinado período. Assim como acontece com os falantes fluentes, os não fluentes precisam aprender a garantir que sejam ouvidos com precisão. Os líderes podem dar o exemplo perguntando: "Entende o que estou dizendo?" e insistindo em uma resposta honesta. Com o tempo, os falantes não nativos se sentirão suficientemente à vontade para pedir que um colega repita algo ou explique de forma diferente se ele perder o fio de uma conversa acelerada. Caso contrário, as pessoas podem assentir mesmo que não tenham entendido totalmente o que está sendo dito, porque se sentem constrangidas ou envergonhadas de admitir sua confusão.

Os falantes não fluentes devem resistir à tentação de falar em sua língua nativa quando estão perto de outros membros da equipe que não entenderiam o que seria dito. Alternar entre a língua profissional comum e a nativa é chamado de "troca de código". Mas a troca de código para um idioma que nem todos conhecem, e que não é o oficial do grupo, pode causar alienação e aumentar a distância psicológica na equipe. Embora a troca de códigos ainda aconteça de vez em quando na maioria das equipes, os membros devem se desculpar rapidamente quando perceberem que falaram em uma língua estrangeira com seus colegas e traduzir a conversa, para o benefício de todos.

Prática, incentivo dos líderes e saber que todos são obrigados a seguir regras de engajamento ao falar, para o bem da equipe, fazem a diferença.

Todos se equilibram para a inclusão. Em uma equipe, todos devem assumir o necessário papel de mantenedor do equilíbrio durante as reuniões formais e conversas informais. Equilíbrio significa uma boa combinação de fala e escuta por parte de cada pessoa. Até certo ponto, os membros da equipe devem observar seu próprio comportamento para influenciar esse equilíbrio. Mas, com o tempo, o objetivo é que a equipe desenvolva a norma de se afinar com quem estiver falando mais que ouvindo, ou vice-versa. Os líderes precisam aprender a pedir diretamente a falantes não fluentes suas opiniões, propostas e perspectivas. "O que você acha?" ou "Pode nos dar sua opinião?" são frases simples para solicitar mais participação e fazer uma intervenção sutil para mudar a dinâmica de um grupo em uma discussão quando alguns são abertamente dominantes, e outros, relutantes em contribuir.

A inclusão equilibrada para uma comunicação de grupo eficaz não fica relegada a equipes multilíngues. Uma pesquisa mostrou que, mesmo quando todos falam a mesma língua, é crucial que o grupo todo tenha mais ou menos o mesmo tempo para falar e ouvir. Participação igual é necessária para uma colaboração verdadeira; é como as pessoas se envolvem com o projeto ou problema em questão. Por essas razões, os líderes devem relembrar suas equipes de necessidade de contribuições repetidas e do fato de que a natureza do trabalho global exige que cada pessoa participe.

Quadro 1. Regras de engajamento

Diminua o domínio	Aumente o engajamento	Equilibre para inclusão
■ Diminua o ritmo e use um idioma familiar (ex.: menos gírias). ■ Evite dominar a conversa. ■ Pergunte "Está entendendo o que estou dizendo?" ■ Escute ativamente.	■ Evite a abstenção ou outros comportamentos de retração. ■ Evite voltar à sua língua nativa. ■ Pergunte "Está entendendo o que estou dizendo?". ■ Se não entender alguém, peça para a pessoa repetir.	■ Monitore os participantes e empenhe-se em equilibrar falas e escuta. ■ Solicite ativamente contribuições a todos os membros da equipe. ■ Solicite a participação de, principalmente, falantes não fluentes. ■ Esteja preparado para definir e interpretar conteúdo.

Capítulo 6

Adaptação mútua transcultural

Quando falamos de equipes globais transculturais, logo pensamos no velho ditado: "Dê o peixe, e você vai alimentar a pessoa por um dia; ensine a pescar, e você vai alimentar a pessoa para sempre". Como membro de uma equipe global, você deve se deparar com muitas interações – grandes e pequenas – que vão exigir habilidade e sensibilidade interculturais. Criar "um entre muitos" requer um processo contínuo de compreensão e adaptação entre os membros da equipe originários de diversas culturas e nacionalidades. Para esse fim, desenvolvi o que chamo de "modelo de adaptação mútua".

O modelo tem dois ciclos interativos – o ciclo de aprendizagem mútua e o ciclo de ensino mútuo. Cada um ajuda a desacelerar as interações e levar a novas formas de conexão. Não há ordem especial para essas ações; líderes e membros de equipes globais acham valioso se envolver em atividades de ensino e aprendizagem durante episódios diferentes. Tampouco são um conjunto de ações para uma *única* vez. Talvez precisem ser implementados periodicamente como lembretes. O ideal *é* que os funcionários integrem essas mudanças de atitude e comportamento para que se tornem a regra.

Aprendizagem mútua

Absorver e *perguntar* são os dois comportamentos específicos que compõem o aprendizado mútuo.

Absorver. A maioria das pessoas aprende observando e ouvindo ativamente o comportamento dos outros – semelhante à maneira como as crianças desenvolvem conhecimento cultural à medida que crescem. Para os adultos, sair de uma zona de conforto e entrar em um novo contexto implica observar, ouvir e "absorver tudo". Para de fato absorver as nuances de um novo contexto é necessário suspender as comparações e adiar o julgamento. Durante a fase de absorção, o objetivo é reunir informações sobre um determinado local de trabalho, equipe ou situação, sem avançar para comentários ou avaliações internas. Manter a mente aberta é a chave para compreender diferentes perspectivas e práticas alternativas.

Perguntar. Aprender sobre um novo contexto cultural também implica fazer perguntas. A troca natural entre uma pessoa que faz perguntas e a outra que fornece respostas estabelece mutualidade. Esse ato de dar e receber cria uma oportunidade confortável e de baixo risco para que os membros da equipe compreendam e se adaptem a um novo contexto. Porém, as perguntas nem sempre são suficientes para desenhar uma imagem clara ou totalmente precisa; em vez disso, podem servir como informações e observações adicionais que fazem parte da fase de absorção.

Absorver e perguntar estão interligados. Absorver fornece mais informações e experiências, que vão pautar as perguntas; fazer perguntas desenvolve uma melhor compreensão dos comportamentos observados. No geral, é um método cuidadoso que exige que os líderes reflitam também sobre suas próprias identidades cultural e nacional.

Ensino mútuo

Este segundo ciclo é focado em *instruir* e *facilitar*. O ensino mútuo exige que todos os membros de uma equipe global se tornem alunos e professores. Teorias da psicologia educacional sobre interdependência psicológica, que enfatizam o papel central dos colegas como treinadores e professores informais, tornam esse um processo ideal para os líderes apresentarem aos membros de sua equipe. Ciclos de ensino mútuo ajudam a promover uma cultura de aceitação, independentemente do grau de diversidade, e permitem que todos desenvolvam visões multidimensionais dos colegas e de si mesmos. O processo colaborativo aumenta a compreensão e apreciação dos colegas de equipe pelas perspectivas exclusivas de cada um. A experiência compartilhada torna-se uma mutualidade entre colegas globais, o que, por sua vez, reduz as barreiras causadas pela distância psicológica.

Instruir. Instruir inclui treinamento, ensino, mentoria e outras formas de orientação, bem como aconselhamento e assistência informal que os colegas compartilham entre si para ajudar a compreender novas perspectivas. Particularmente, a mentoria estabelece uma conexão pessoal entre dois ou mais membros da equipe, e com frequência isso ocorre entre uma pessoa nativa e uma novata em um determinado ambiente.

Facilitar. A facilitação é um tipo específico de comportamento de ensino. Pessoas que facilitam podem mediar comportamentos e traduzir significados culturais para os membros da equipe. Em geral, os facilitadores estão familiarizados com vários repertórios culturais e, portanto, podem servir como conexão ou elo explicativo entre os membros da equipe cujas origens são notoriamente diferentes.

O elemento-chave a ter em mente relativo a todos esses comportamentos de ensino é sua mutualidade – membros de diferentes origens ajudam, aprendem e, por fim, se entendem no processo de fazer parte de uma equipe unida, e não de um conjunto distinto de indivíduos. Todos os membros de uma equipe global devem saber, pelo menos, como instruir e facilitar como forma de construir uma aprendizagem compartilhada no grupo e uma maior compreensão das diferentes perspectivas. Isso diminuirá a distância psicológica e aumentará a empatia e a eficácia. Em uma equipe distribuída pelo globo, que provavelmente terá membros com origens culturais e nacionais diversas, esses ciclos de aprendizagem e ensino mútuos podem acabar se tornando habituais, praticados em pequenos momentos ao longo da jornada de trabalho. Conforme os comportamentos evoluem, os colegas de equipe desenvolvem empatia. A aprendizagem mútua permite que os membros da equipe descubram um interesse comum por esportes ou culinária, por exemplo. O ensino mútuo permite que as pessoas fiquem cada vez mais à vontade, sejam cada vez mais empáticas entre si, e sejam menos o "estranho" de Simmel.

Por propiciar uma maneira de negociar e equilibrar nossas próprias percepções com as dos outros sobre quem somos, o modelo de adaptação mútua ajuda as equipes globais a percorrer o processo vital de diminuir a distância psicológica e criar empatia. É transformador à medida que os indivíduos se tornam hábeis para explicar seu eu e sua cultura aos outros, para descrever de que maneiras específicas são diferentes de outra pessoa e para desenvolver uma afinidade maior com os outros por causa das diferenças, e apesar delas.

Embora possam incluir algumas reuniões ou interações cara a cara, as equipes globais devem, por definição, operar virtualmente na maior parte do tempo. Além do trabalho remoto, nas equipes globais as pessoas também precisam aprender a navegar pelas diferenças tipicamente culturais e linguísticas. Nesse sentido, elas enfrentam desafios mais difíceis que equipes remotas que compartilham uma cultura ou idioma comum. No entanto, como você verá no próximo capítulo, muitos tipos de diferenças podem dividir as equipes. Mesmo que todos falem a mesma língua e compartilhem suposições culturais semelhantes, as pessoas podem diferir em idade, sexo, experiência de trabalho e treinamento. Alguns membros de sua equipe podem ser mais extrovertidos e ter a tendência de dominar as conversas, ao passo que outros, mais introvertidos, talvez fiquem para trás e relutem em falar. O aprendizado mútuo e o ensino mútuo não são exclusivos das equipes globais. Na verdade, equipes de qualquer tipo podem praticar alguma versão dessas recomendadas práticas e ações-chave para garantir o aprendizado compartilhado e aproveitar as diferenças para resultados positivos.

Sucesso de qualquer lugar: prosperando em meio às diferenças

- **Diminua o ritmo.** Os membros da equipe mais fluentes em um idioma comum ou na língua franca precisam diminuir o ritmo do diálogo e garantir que todos estejam na mesma página. Incentive os membros não fluentes a falar e verifique se entenderam o que foi dito.

- **Aumente o engajamento.** Os não fluentes na língua franca precisam fazer um esforço ativo para participar do diálogo, apesar dos compreensíveis temores de se expressar abertamente.

Se não entender algo, peça aos colegas para repetir o que disseram. Se necessário, monitore a frequência de suas contribuições e proponha uma cota de participação.

- **Mantenha o mesmo código.** Se você compartilha um idioma nativo com alguns colegas de equipe, evite trocar de código entre sua língua nativa e a língua franca quando estiver em um espaço virtual compartilhado com toda a equipe. Se isso acontecer sem querer, reconheça que foi descuidado, peça desculpas e repita o que disse na língua que todos os membros da equipe entendam.

- **Alcance o equilíbrio.** Ouça tanto quanto fala, seja em uma videoconferência, na troca de e-mails ou no chat em grupo. Se notar que alguns membros da equipe hesitam em falar, encoraje-os.

- **Observe e pergunte.** Saia de sua zona de conforto, mantenha a mente aberta e absorva o que você vê e ouve de seus colegas virtuais. Faça perguntas sobre o que observa.

- **Ensine e facilite.** Compartilhe conselhos, ideias e orientações com seus colegas de equipe de forma proativa, sempre que possível. Crie oportunidades para que eles também compartilhem o que sabem.

- **Tenha empatia.** Permita-se sentir proximidade em relação a seus colegas ao longo do ciclo de aprendizagem e ensino.

- **Potencialize diferenças positivas.** Desvie a atenção dos diferenciais que separam as equipes e concentre-se na diversidade de experiências que as tornam mais capacitadas (e mais empolgantes).

Capítulo 6

Capítulo 7

O que preciso saber sobre liderança virtual?

Costumamos dizer que líderes com personalidade forte são "extraordinários". Essa expressão faz referência à presença descomunal do líder na sala, da capacidade magnética de impressionar as pessoas, cativar sua atenção e inspirar seu respeito. Essa presença é mais palpável ao fazer reuniões, orientar funcionários individualmente ou ao caminhar pelo prédio e manter conversas informais com as pessoas.

Mas como uma presença extraordinária se manifesta na tela de um computador? Em meus muitos anos usufruindo do privilégio de trabalhar com centenas de líderes virtuais em todo o mundo, vi que talvez a preocupação mais comum entre eles seja como liderar sem o kit de ferramentas presencial que os torna eficazes no mundo físico. A visão periférica – que lhes diz quem está participando de uma reunião e quem está mexendo no celular – se perde. O contato visual e a linguagem corporal que lhes permitem ler o clima da sala como um sexto sentido se perdem, assim como se perde a oportunidade de interagir espontaneamente na sala antes ou depois da reunião. A altura é literalmente achatada para o tamanho de uma tela. A rica variedade de imagens e sons que incorporam o mundo físico passa a ser moderada por um canal digital único e limitado. Antes de começarmos a analisar os obstáculos de um mundo virtual, vamos pensar sobre o papel da liderança em si. Liderança é uma tarefa extraordinariamente complexa. Os líderes precisam definir metas, motivar equipes, supervisionar atividades, evitar restrições internas e externas e entregar resultados. Dia a dia, semana a semana, os líderes devem colocar todos no mesmo ritmo, estabelecer e manter relacionamentos entre indivíduos e grupos maiores, garantir a coesão da equipe e mobilizá-la sempre que necessário. Acrescentemos a isso as muitas outras tarefas específicas de um setor, empresa e partes interessadas individuais, e a liderança se torna ainda mais complexa.

A introdução de um formato virtual pode ser a gota d'água que faz o copo transbordar. Ao longo de minha carreira, testemunhei o colapso de equipes virtuais. Normalmente, uma empresa investe recursos consideráveis para reunir um grupo espalhado de funcionários especializados para um propósito específico, como desenvolver um produto crucial ou aprimorar uma estratégia, mas os problemas logo surgem. A dinâmica de grupo se torna desconfortável. Os ressentimentos crescem, as pessoas param de ouvir.

Por fim, o trabalho não atende às expectativas da empresa. Todos os envolvidos, do líder da equipe em diante, sentem as consequências. O colapso prejudica o trabalho do cliente, as promoções e os bônus dos participantes e, às vezes, até empregos. Uma equipe global de alto potencial que, no fim das contas, não consegue cumprir seus objetivos, faz a empresa perder clientes e dinheiro em escala global. Essa é a realidade. Descobri que para cada descarrilamento existe um gestor com uma teoria sobre o que está acontecendo. Às vezes, há vários gestores com várias teorias e racionalizações, como "esse membro da equipe foi autoritário", "aqueles membros eram passivos", "o trabalho era muito amplo ou talvez muito restritivo", "houve muitas reuniões ou não houve reuniões suficientes".

Às vezes, recebo pedidos para me aprofundar nas raízes dessas teorias e fornecer soluções personalizadas para cada suposta deficiência. No entanto, não existe ajuste nos detalhes de pessoal, tarefas ou processos que reduza a taxa geral de descarrilamento, seja dentro de uma determinada empresa ou em todo o cenário corporativo. Um olhar mais atento identifica os problemas com a liderança. É daí que a solução deve surgir.

Definição de liderança de trabalho remoto

Como antigo membro do corpo docente e chefe do curso de Liderança e Comportamento Organizacional da Harvard Business School (LEAD, como carinhosamente o chamamos em inglês), eu me envolvi com o tópico liderança de todas as perspectivas imagináveis. Busquei o como, o quê, quando e o porquê não apenas como estudiosa, mas como praticante; não apenas como professora, mas também da perspectiva de meus alunos, futuros líderes. Essa abordagem multidimensional me deu uma visão das nuances da liderança em todos os níveis, desde a gestão de indivíduos, passando por relacionamentos individuais, até o alinhamento de grupos em torno de uma visão comum. Cada nível de liderança é crucial para o sucesso do desempenho de uma equipe, e igualmente difícil de alcançar. No caso do trabalho remoto, adotei uma definição de liderança de minhas colegas Frances Frei e Anne Morriss: "Liderança é capacitar outras pessoas como resultado de sua presença, e garantir que o impacto continue em sua ausência.[1] Os líderes devem criar as condições para que as pessoas entendam sua própria capacidade e seu poder".

Frances e Anne desenvolveram essa definição de liderança no início dos anos 2000, quando começaram a trabalhar com organizações – incluindo algumas das empresas mais competitivas do mundo – que estavam embarcando em campanhas de mudança em grande escala. Começaram a notar um padrão consistente entre os líderes mais bem-sucedidos. O foco do sucesso não eram *eles*. Liderança, para os executivos mais bem-sucedidos, significava preparar *outras* pessoas para o sucesso. Esses líderes definiram o sucesso como a criação das condições de que suas equipes precisavam para prosperar. O que faziam não era só contratar pessoas competentes cujo bom desempenho era esperado; eles também descobriam como ajudar os funcionários a atingir seus próprios objetivos.

Além disso, Frances e Anne descobriram que os líderes não são guias importantes só quando estão ombro a ombro nas trincheiras com sua equipe; eles continuam envolvidos quando não estão por perto, e até mesmo quando se afastam de modo permanente da equipe. Essa descoberta é bastante adequada para a liderança virtual, situação em que grande parte da liderança precisa se manifestar dentro das restrições da ausência física.

Descobri que essas restrições são particularmente ameaçadoras para manter o líder a par do que está acontecendo. A discordância pode se espalhar silenciosamente por uma equipe virtual e iludir até os líderes mais amados e experientes na gestão de grupos presenciais. Quando as equipes compartilham um espaço, os líderes conseguem sentir naturalmente o pulso dos colegas no ritmo de uma jornada de trabalho. Se um problema estiver se formando, ele se torna aparente. Mas sem a oportunidade de ver e ouvir como os colegas de equipe estão se saindo, as pequenas fissuras crescem até que seja tarde demais, e toda a estrutura se rompa. Assim, os líderes virtuais precisam entender o que eles *não* sabem antes de decidir as medidas para combater os problemas que surgirem.

Neste capítulo, detalho os seis desafios comuns que os líderes enfrentam, como se manifestam em um formato virtual e as práticas comprovadas para superá-los.

1. Localização

2. Divisão de classe

3. Nós contra eles

4. Previsibilidade

5. Feedback de desempenho

6. Engajamento da equipe

Embora esses desafios surjam em equipes de todos os formatos, suas consequências podem ser ainda mais severas em um ambiente remoto. Os líderes virtuais devem procurar proativamente os primeiros sinais de alerta em situações em que seus colegas presenciais

Capítulo 7

185

poderiam progredir sob uma abordagem mais reativa. Se esses desafios não forem abordados, eles se transformarão em fissuras que fragmentarão sua equipe remota.

Desafio da localização

A migração em massa para o trabalho remoto nos primeiros meses após o início da pandemia foi única, pois todos passaram a se localizar de uma maneira semelhante: em casa. Apesar das diferenças nas configurações do home office, no acesso à tecnologia ou nas responsabilidades de cuidar dos filhos, todos estavam mais ou menos na mesma situação, no sentido de que estavam igualmente distantes de líderes e colegas; ninguém mais trabalhava em um escritório físico.

Entretanto, uma estrutura híbrida é mais comum, tanto no passado quanto no futuro, em que algumas pessoas trabalham remotamente na maior parte do tempo, enquanto outras podem ter acesso físico a seus colegas pelo menos algumas vezes. Essas diferenças na estrutura física são o que dão origem a dinâmicas de grupo complicadas. Uma pesquisa mostra que o local onde uma equipe está, ou a configuração física das pessoas de uma equipe, influenciam profundamente sua experiência.[2]

A configuração descreve não apenas onde as pessoas se sentam em um determinado espaço físico, mas também o número de lugares nos quais os membros da equipe distribuída estão localizados, o número de funcionários que trabalham em cada local, e o equilíbrio relativo em número de funcionários em cada local.[3] Para complicar ainda mais a dinâmica de grupo, em alguns casos, os membros da equipe trabalham além das fronteiras nacionais, o que significa que as pessoas também precisam navegar por fusos horários, fronteiras nacionais e culturas organizacionais locais.

Quando as equipes não conseguem transpor esses limites, formam-se subgrupos. Essas panelinhas ou esses clubes costumam se formar em torno de interesses especiais. As equipes distribuídas também estão sujeitas a subgrupos formados em torno de locais físicos. Os pesquisadores que estudam as configurações de equipe encontraram quatro permutações distintas que impulsionam o desempenho: 1- equipes inteiramente presenciais e no mesmo espaço físico; 2- equipes equilibradas que contêm subgrupos de números iguais em dois locais; 3- equipes desequilibradas que contêm um número desigual de funcionários agrupados em várias configurações; e 4- equipes que contêm trabalhadores remotos – ou "isolados geográficos" – que trabalham sozinhos em um local separado dos outros membros da equipe. Talvez seja surpreendente que os membros que estão da sede, ou com o líder da equipe, tendem a ignorar as necessidades e contribuições de outras pessoas fora de sua localização.[4]

Quando os estudiosos analisaram o impacto das configurações, descobriram que a maioria dos membros de subgrupos minoritários em equipes com números desequilibrados sentiam uma identificação menor com a equipe geral e tinham menos ciência do conhecimento especializado de outros membros da equipe em comparação com seus colegas. Equipes com isolamentos geográficos – sejam os que trabalham em casa ou os membros individuais em um local – têm ainda mais probabilidade de se sentir excluídos.

Capítulo 7

O desafio da divisão de classe

As pessoas tendem a associar poder a números. Quem faz parte de um grupo com mais membros tem propensão a se ressentir com o grupo com o menor número, com base na crença – muitas vezes imprecisa – de que o grupo maior está contribuindo mais que o justo. Trabalhadores solitários podem se sentir ameaçados e preocupados – de novo, muitas vezes erroneamente –, achando que o grupo maior está tentando usurpar o pouco poder e voz que eles têm.[5] Em alguns casos, esses medos têm fundamento. Mas mesmo que não tenham, os líderes virtuais precisar ficar atentos a eles. Como líder de equipe, você deve ajudar a promover a equidade entre grupos específicos de sua equipe. É fácil ignorar essas tendências comuns porque as pessoas não necessariamente expressam essas preocupações. Mas, independentemente da franqueza de seus colegas de equipe, ou da legitimidade de suas preocupações, esses medos acabam produzindo o mesmo resultado: interações inclusivas ou excludentes entre os membros da equipe. Esses comportamentos aceleram os problemas de desempenho, o que inevitavelmente descarrila a equipe.

Status, definido como um senso de prestígio e influência, é outra realidade da dinâmica de equipe potencialmente influenciada por estruturas e desequilíbrios de subgrupos. Observe que a *percepção* de status pode ser tão prejudicial ao funcionamento da equipe quanto o prestígio ou a influência real. Por exemplo, um estudo com três equipes internacionais do setor automotivo descobriu que os grupos mexicanos de engenharia consideravam ter "baixo status" em comparação com seus colegas indianos e norte-americanos.

Os engenheiros mexicanos, acostumados a colaborar de maneira muito próxima entre si e a pedir ajuda aos colegas, mantinham a crença equivocada de que seus colegas internacionais só valorizavam a solução de problemas individualmente e, por isso, temiam que seus padrões de trabalho colaborativo fossem considerados uma desvantagem. Como resultado, representavam incorretamente suas práticas de trabalho para colegas de grupos que consideravam ter "alto status", o que levou a mais conflito e redução da colaboração entre os grupos. No mesmo estudo, quando os grupos de engenharia se percebiam como tendo "alto status" em comparação com outros, ficavam mais propensos a se comunicar de maneira aberta, pedir ajuda e compartilhar conhecimentos.[6] Os líderes podem combater os efeitos prejudiciais dessas percepções distorcidas, que incluem desempenho enfraquecido e descarrilamento da equipe, tomando medidas contínuas para reconhecer os pontos fortes individuais em todos os grupos. Ao mesmo tempo, os líderes podem minimizar as diferenças percebidas e reais de status entre os membros da equipe.

O desafio "nós contra eles"

Como fissuras subterrâneas que se formam sob vulcões prestes a entrar em erupção, rachaduras são endêmicas de grupos sociais de todos os tipos – dispersos ou presenciais. Os pesquisadores se referem a rachaduras como distinções invisíveis ou hipotéticas que dividem um grupo em subgrupos, caracterizados por uma mentalidade "nós contra eles".[7] As rachaduras se formam de acordo com diferenças – por exemplo, função, expertise, atitude, tipo de personalidade, gênero, idade, raça, nacionalidade e idioma – e geram subgrupos. Um membro do grupo pode ter semelhanças com mais de um subgrupo. Por exemplo, além de fazer parte dos subgrupos visíveis de pessoas de sua idade, sexo e raça, você pode ser um dos poucos engenheiros de software da equipe. Essas divisões são orgânicas e inevitáveis – não existe um grupo livre dessas fissuras. A questão para os líderes passa a ser como administrar subgrupos de maneira produtiva, sem permitir que as diferenças evoluam para uma dinâmica "nós contra eles", que rapidamente corrói a coesão da equipe.

Equipes distribuídas e trabalho virtual acrescentam a geografia como uma variável no mix de potenciais rachaduras. É fácil, e até natural, usar a terminologia "nós contra eles" para distinguir as equipes que operam em diferentes localizações geográficas – por exemplo, "a equipe do México" e "a equipe dos EUA" –, e quanto maior for a semelhança entre os membros de qualquer subgrupo – por exemplo, mulheres de meia-idade com experiência em marketing no mesmo setor –, é mais provável que essa mentalidade surja. O problema é quando essas rachaduras, geográficas ou não, geram uma distância maior de outros subgrupos. Quando essas diferenças naturais não são administradas, o conflito aumenta, os problemas de coordenação se tornam mais difíceis de resolver, e as chances de colaboração e relações de trabalho produtivas diminuem.

Quando aumentam as rachaduras causam problemas.[8] Alguns anos atrás, um grupo de pesquisadores pôde estudar os dados de uma empresa que fazia parte da *Fortune 500* para ver se conseguiam encontrar uma conexão entre rachaduras e desempenho da equipe. Examinaram os registros de dezenas de equipes compostas por mais de quinhentas pessoas envolvidas em tarefas complicadas, não rotineiras e altamente variáveis – em outras palavras, o típico trabalho de conhecimento em uma grande empresa. Examinaram as distinções sociais de gênero e idade, bem como as distinções de nível de formação e tempo de permanência na empresa, focando em duas características das rachaduras: *força,* ou com que grau de organização um subgrupo se dividiu do resto da equipe, e *distância,* ou o tamanho das brechas. Para entender as rachaduras *fortes,* pense em uma equipe de quatro pessoas, na qual duas são homens jovens e duas mulheres mais velhas. Os subgrupos de idade e gênero se alinhariam perfeitamente, e haveria apenas uma maneira organizada de subdividir a equipe segundo esses atributos. Se a diferença de idade fosse grande – por exemplo, os dois rapazes na casa dos vinte e as duas mulheres na casa dos sessenta –, a *distância* da rachadura seria considerada grande.

Para compreender a capacidade das equipes de cumprir as metas, estudiosos vasculharam os dados para examinar vários tipos de bônus que foram distribuídos para recompensar o desempenho de cada grupo. Também analisaram avaliações, incluindo as de funcionários, e usaram métodos quantitativos para analisar a prevalência de palavras e frases-chave. Usando essas medidas, descobriram que a maior força da rachadura por questões de distinções sociais estava associada a um pior desempenho da equipe, e que a distância exacerbava o efeito. Na equipe de Tariq Khan na Tek, sobre a qual você leu no Capítulo 6, as rachaduras que separavam os participantes localizados em países diferentes eram fortes, e os grupos, distantes. Não é surpreendente que o desempenho da equipe tenha sofrido um declínio abrupto em um período importante.

Capítulo 7

Meu estudo com duas colegas analisou a fundo as rachaduras nas equipes de desenvolvimento de software.[9] Entrevistamos e observamos 96 membros da equipe global em uma empresa de software com sede na Alemanha. Como estávamos interessadas em entender a dinâmica do subgrupo em equipes espalhadas geograficamente, observamos ao mesmo tempo membros da equipe localizados em vários lugares. Esse formato nos permitiu registrar as interações sociais e a dinâmica da equipe à medida que ocorriam, e forneceu dados valiosos sobre como os indivíduos em cada local vivenciaram as interações da equipe. A abordagem também nos permitiu observar como as pessoas lidaram com as reuniões em diferentes escritórios e locais, e como os eventos foram interpretados de forma semelhante ou diferente entre os escritórios. Prestamos muita atenção às interações, atitudes e respostas dos indivíduos à medida que se comunicavam com colegas presenciais e distribuídos. Também participamos de reuniões, assistimos a conferências, almoçamos com pessoas e participamos de socializações após o expediente.

Descobrimos que as rachaduras relacionadas a fluência na língua inglesa e nacionalidade criaram fortes divisões e geraram um "nós contra eles" em algumas, mas não em todas as equipes. O que determina quais equipes são mais suscetíveis? Os dados que compilamos sugerem que as dinâmicas divisoras de subgrupos ocorreram apenas em equipes que também sofreram disputas de poder – em outras palavras, disputas de poder ativam rachaduras que, de outra forma, seriam latentes. Quando fortes emoções negativas irradiam tensão em todos os locais, isso pode desencadear um ciclo de autoalimentação de uma dinâmica "nós contra eles". À medida que esse ciclo de feedback negativo crescia nas equipes de desenvolvimento de software que estudamos, os ressentimentos aumentavam entre os membros da equipe. As pessoas começaram a ocultar informações de seus colegas distantes. O desempenho do grupo diminuiu. E, nos piores casos, as equipes se separaram.

Talvez o mais importante seja que descobrimos que os líderes de equipe muitas vezes desconheciam os conflitos subjacentes que ativavam as rachaduras e causavam disfunções em sua equipe. Podiam até sentir que havia algo errado, mas muitas vezes não sabiam o quê e por quê.

O problema é que as rachaduras tendem a se transformar em barreiras sólidas, levando os subgrupos a competir entre si. Os funcionários começam a se estereotipar, e os subgrupos começam a se definir como superiores aos outros subgrupos. Na Tek, o tratamento de certas pessoas da equipe como membros de segunda classe, bem como o comentário profundamente ofensivo e racista de Lars sobre seu colega saudita, eram comportamentos clássicos que criaram um grupo interno e um externo, e resultaram em membros que agiam como se estivessem em equipes diferentes.

No entanto, as rachaduras nem sempre são ruins. Os pesquisadores descobriram que, sob certas condições, rachaduras por questões de nível de formação e estabilidade não tiveram efeito prejudicial sobre o desempenho da equipe na empresa que estudaram, e que essas divisões podem inclusive promover tomadas de decisão eficazes. Os grupos costumam progredir por meio das rachaduras, sentindo-se energizados pelas perspectivas ou experiências divergentes

Capítulo 7

dos subgrupos.[10] O problema é que esse avanço pode se transformar em uma energia do tipo "adoramos odiar esse e aquele grupo", que acaba sendo limitante e insular. O desafio que os líderes enfrentam é estar cientes dessas dinâmicas e encontrar uma estratégia abrangente e simples para reparar as rachaduras entre os membros dispersos da equipe. Equipes bem lideradas tendem a ser resilientes. Os líderes podem ajudar as equipes a extrair força de uma diversidade rica de conhecimentos, personalidades e expertise dos membros.

Como os líderes podem ajudar as equipes a consertar as rachaduras? Uma maneira é ajudar a redirecionar suas fraturas. Em muitos casos, os membros fazem o que é conhecido como "reavaliação", essencialmente direcionando-se para ser positivos e mais empáticos com os outros participantes.

Os líderes de equipe, cientes da tendência das pessoas de agir de determinadas maneiras em grupos, podem neutralizar as rachaduras enfatizando alguns aspectos do grupo e minimizando outros. Primeiro, construa e enfatize uma *identidade grupal*: um guarda--chuva sob o qual a equipe se une, em vez de uma entidade fragmentada.[11] Recorde aos membros que cada um deles representa a equipe – por exemplo, equipe de marketing ou design. Em segundo lugar, enfatize as *metas superiores*: o grande propósito comum que os membros da equipe estão tentando alcançar para a empresa. Faça-os lembrar que cada pessoa, independentemente de sua formação, ajudará a equipe a atingir esse objetivo. Quando surgirem preocupações baseadas em percepções de poder distorcido, opte por lidar com elas seletivamente. Às vezes, é melhor redirecionar o foco dos membros da equipe das disputas de poder para o objetivo maior de inovar para ajudar a sociedade, aumentar a receita ou vencer a concorrência.

O desafio da previsibilidade

Liderança virtual requer comunicação frequente com os membros da equipe. Ter contato com o chefe ajuda a tornar o presente e o futuro mais previsíveis. Essa previsibilidade dá forma ao trabalho diário. Quando a comunicação não pode ser pessoal, as diversas ferramentas digitais discutidas no Capítulo 4 são cruciais para estabelecer uma presença virtual. Um aumento na clareza e na objetividade na comunicação do líder pode acentuar os efeitos positivos do trabalho remoto e compensar os negativos. Como observei no Capítulo 2, os líderes de equipes remotas desempenham um papel no grau de isolamento profissional que os trabalhadores remotos sentem – ou não – em casa. Definir metas claras e oferecer feedback são sempre essenciais para uma boa liderança. Embora essa gestão básica seja relevante para equipes presenciais, é ainda mais importante quando os membros da equipe estão longe e, portanto, também estão afastados dos fluxos naturais de comunicação que ocorrem no escritório.

Aliás, pesquisas confirmam que quando os líderes aumentam a comunicação relacionada às responsabilidades, expectativas, metas, aos objetivos e prazos do cargo, os funcionários são mais leais à empresa, ficam mais satisfeitos com o trabalho e apresentam melhor desempenho. Os membros da equipe também respondem favoravelmente aos líderes que implementam grupos sociais on-line e oferecem avaliações regulares sobre o desempenho no trabalho, salário e desenvolvimento de carreira.[12]

O desafio do feedback de desempenho

Os líderes devem criar uma rotina de fornecer feedback às equipes remotas para garantir resultados positivos, bem como analisar as avaliações de desempenho e promoções individuais. Uma questão que está sempre na cabeça dos membros de uma equipe virtual, especialmente os que estão isolados ou "longe dos olhos", é se são tratados de maneira diferente dos trabalhadores presenciais, que podem chamar a atenção do chefe por meio de um relacionamento presencial para obter um feedback informal, algo como "bom trabalho" ou "precisa de mais esforço". Pesquisadores que queriam saber a resposta a essa pergunta entrevistaram um grupo de supervisores responsáveis por funcionários remotos e presenciais, bem como por seus subordinados diretos.[13]

Assim como os próprios trabalhadores, embora os pesquisadores temessem que os membros remotos fossem avaliados de forma mais severa ou recebessem avaliações de desempenho mais baixas que seus colegas no escritório, na verdade, descobriram que trabalhar remotamente não teve um impacto negativo no relacionamento ou nas dimensões de tarefas de avaliações de desempenho no trabalho. Além disso, as perspectivas de avanço de carreira de cada indivíduo foram avaliadas pela resposta de seu supervisor à pergunta: "Como você avalia a chance de progresso do funcionário?" = boas chances; muito boas chances. As avaliações dos supervisores sobre as perspectivas de carreira de funcionários remotos não diferiram significativamente das dos não remotos. Longe dos olhos não significava longe da mente.

O desafio do engajamento

Uma das "ferramentas" mais importantes para a liderança virtual é ter um processo influente que permita que você se envolva de modo consistente com os membros da equipe por não estar fisicamente presente. Por isso, quero falar sobre os comportamentos e as interações que você pratica ao longo do tempo, mesmo que pareçam triviais. Se você não consegue "ler uma sala" ou andar pelo prédio para interagir com os funcionários, deve, deliberadamente, criar oportunidades para o conhecimento de si mesmo e dos outros, solicitando ativamente percepções sobre melhorias do grupo e da empresa. Incentivar as pessoas a expressar observações é importante para que os funcionários remotos se envolvam de forma mais completa no sucesso de sua equipe virtual. Para criar as condições para que as pessoas percebam sua própria capacidade e seu poder, um líder deve atender aos aspectos tradicionais e estabelecidos dos processos de equipe, bem como introduzir aqueles que são exclusivos da liderança virtual.[14] Para isso, aprendi que é importante que os líderes implementem três práticas comuns: 1) estruturar o tempo não estruturado para interações informais; 2) enfatizar as diferenças individuais; 3) forçar o conflito.

Os líderes precisam estruturar o tempo para promover interações informais. Promover uma atmosfera mais descontraída e informal em

Capítulo 7

197

um formato remoto requer intencionalidade, da mesma forma que os líderes que são adeptos de promover o trabalho em equipe presencial muitas vezes movem as estações de trabalho dos membros para bem perto. Isso ocorre por causa dos benefícios bem conhecidos das interações informais da equipe sobre coisas fora do trabalho, como clima, família, esportes, um novo restaurante ou um programa de TV. Conversas como essas formam relacionamentos e dão aos membros a sensação de estarem sendo ouvidos. Ao mesmo tempo, conversas informais podem trazer informações valiosas sobre o trabalho, pois os membros vão falando sobre suas experiências. A reclamação de um membro da equipe sobre falhas no sistema telefônico pode revelar um sério desafio técnico que precisa ser tratado. Um membro que acompanha a política local pode mencionar uma proposta sobre legislação que afetaria o processo de licitação da empresa.

A comunicação casual e espontânea é rara em equipes distribuídas, que tendem a se reunir para tarefas específicas e em contextos que valorizam o tempo. Portanto, os líderes devem fazer um esforço consciente para promover a interação espontânea. Uma intervenção simples é reservar seis ou sete minutos iniciais de uma reunião para um bate-papo informal sobre assuntos não relacionados ao trabalho. Os membros devem ser incentivados não apenas a falar sobre o tempo, mas também a se comunicar e, sim, reclamar sobre restrições como condições técnicas e de trabalho. Os líderes também podem facilitar o contato informal agendando almoços virtuais, pausas para café, chá ou lanche, e até um *happy hour* virtual. As equipes também podem criar planos para atividades recreativas virtuais que variam de tempos em tempos, para manter o interesse vivo.

Os líderes devem demonstrar o valor da conversa informal iniciando-a eles mesmos. Depois que herdou uma equipe remota em uma aquisição, um gerente fez questão de não só envolver esses funcionários virtuais em decisões importantes, como também fazer contatos frequentes com eles para discutir projetos em andamento e agradecer pelo bom trabalho. Também ligava pessoalmente para os membros da equipe para lhes dar folga no dia do aniversário e apenas bater papo. No entanto, os líderes não precisam estar presentes em todas as instâncias; de fato, também é uma boa ideia facilitar o tempo não estruturado entre pares. Os líderes podem formar duplas de pessoas para conversar regularmente, pelo menos uma vez por semana, como uma atividade virtual. Pode ser solicitado que cada pessoa expresse gratidão em relação a seu colega de trabalho – por exemplo, um cartão –, algo divertido para seus entes queridos ou um bilhete escrito à mão. Isso molda a familiaridade, o vínculo e as conexões fora do trabalho e rompe o isolamento dos envolvidos. Alternar as duplas entre os membros da equipe permite que cada um faça um novo vínculo, cada vez com uma pessoa diferente.

Outra prática importante para os líderes – enfatizar as diferenças individuais – mantém a equipe a par dos pontos fortes dos colegas que podem ser úteis. Quando um líder não incentiva ativamente as diferenças de opinião, muitas vezes os membros hesitam em expressar seu ponto de vista. É tão fácil para os líderes enfatizar a organização e a eficiência que, sem querer, anulam a expressão de pontos de vista divergentes, mesmo de membros com vasta experiência. Em um caso que estudei, um desenvolvedor de software era membro de uma equipe cujo líder não tolerava divergências, de modo que para

Capítulo 7

proteger seu cargo, ele ficou quieto e não expressou seu desacordo com o design de um determinado recurso. Quatro semanas depois, a equipe se viu enrolada com o problema previsto por ele.

Para promover uma livre troca de pontos de vista, os líderes devem pedir a opinião dos outros: "o que acha da nova proposta?", "alguém tem algum comentário?". Os itens do cronograma também devem ser abertos para discussão. Enfatizar essas diferenças também destaca a individualidade, enquanto minimiza as barreiras do subgrupo. Os líderes devem evitar referir-se às pessoas por sua participação em um subgrupo, por exemplo, "como um dos funcionários de Nova York mencionou...", "Como um dos engenheiros disse...", e focar nas perspectivas e no conhecimento dos indivíduos.

Forçar um conflito produtivo sobre ideias, tarefas e processos fortalecerá o trabalho do grupo e é fundamental para criar as condições para as pessoas perceberem sua própria capacidade e seu poder.

Em ambientes remotos, é menos provável que conflitos ou desacordos ocorram de forma orgânica e consistente do que em escritórios presenciais. O ideal é que os líderes e membros se sintam psicologicamente seguros para solucionar os conflitos, tratando-os como oportunidades de aprendizado. Para isso, as equipes devem enxergar a divergência como positiva, como diferenças de ponto de vista, e fornecer garantia de que os membros não serão culpados por "balançar o barco". Opiniões divergentes devem ser respondidas com comentários como "gostei dessa ideia, vamos discutir mais". Se os outros a menosprezarem, seus comentários devem ser canalizados para obter mais detalhes: "Quais são as preocupações?". Assim, o proponente de uma ideia pode ter um papel ativo na formação da discussão, respondendo às perguntas dos outros. Se essa abordagem gentil não funcionar, os líderes devem trazer o conflito à tona. Isso não significa convidar os membros da equipe a expressar suas queixas ou falar sobre diferenças pessoais e culturais; significa encorajar, intencionalmente, a discordância intelectual aberta, para que o pensamento inovador sobre uma determinada tarefa ou um processo possa ser estimulado.

Quando sua liderança é virtual, você perde contato presencial e as ferramentas individuais que o tornaram tão eficaz no mundo físico. Todos os seus ganhos suados, construídos à base de sua presença de líder, ficam em segundo plano. As imagens e os sons que representam o mundo para você são moderados por um canal digital único e limitado. Encontros informais, casuais e planejados não existem. Você não pode aparecer na casa de alguém para convidá-lo para um café, nem pode levar os membros de sua equipe para almoçar e trocar histórias para fortalecer o vínculo entre vocês. Apesar dessas perdas, os líderes virtuais ainda podem equipar e capacitar sua equipe. Seu objetivo é garantir que o impacto de seu trabalho de liderança continue em sua ausência, criando as condições para que as pessoas percebam sua própria capacidade e poder.

Liderar virtualmente, embora seja multidimensional e desafiador, também pode ser recompensador. Na maior parte do tempo, é aprender a se reorientar: abandonar as ferramentas individuais que dependem da presença física e da comunicação informal e usar equivalentes virtuais ou recursos totalmente novos. Muitas das regras para a liderança em condições presenciais ainda se aplicam, mas, para equipes remotas, você deve estar mais atento e ciente de seus esforços para alcançar os mesmos resultados. Liderar virtualmente

Capítulo 7

muitas vezes requer que você seja mais formal para tornar as interações informais, e mais estruturado para criar um espaço aberto para a informalidade. Compreender de que maneiras subgrupos e rachaduras podem se formar quando as pessoas trabalham em equipes distribuídas, e desencorajar a divisão inerente, é fundamental. Igualmente importante é garantir uma comunicação regular e consistente com os membros remotos da equipe que não estão visíveis. Depois de se familiarizar com os riscos inerentes ao trabalho remoto e estabelecer as medidas de combate necessárias, você desfrutará de um grupo remoto fiel que atua de acordo com as capacidades únicas de cada membro. Você e sua equipe se sentirão capacitados para lidar com qualquer situação que possa surgir.

Sucesso de qualquer lugar: liderando virtualmente

- **Minimize as diferenças.** A localização das pessoas é importante. As diferenças na geografia dos membros distribuídos, bem como entre os membros da equipe que trabalham ou não remotamente, podem gerar subgrupos e dinâmicas sociais que resultam em conflito. Os líderes precisam estar cientes e administrar ativamente essas diferenças, em especial para os funcionários isolados.

- **Enfatize os pontos fortes, não o status.** As divisões de classes se formarão entre os grupos com base nas diferenças de tamanho, além de diferenças reais ou imaginadas de status. Os líderes podem combater os efeitos prejudiciais das percepções sobre o baixo status tomando medidas contínuas para reconhecer os pontos fortes individuais em todos os grupos e minimizando as diferenças percebidas e reais de status entre os membros da equipe.

- **Promova um propósito comum.** Rachaduras surgirão em todas as equipes. Os líderes podem trabalhar contra a corrosividade das rachaduras construindo e enfatizando uma *identidade grupal*: um guarda-chuva ao redor do qual a equipe se une e recordar aos membros que cada um representa a equipe. Também podem enfatizar *metas superiores* – o propósito comum que os membros da equipe estão tentando alcançar – fazendo-os lembrar que cada esforço individual contribui para o objetivo da equipe.

- **Crie uma estrutura.** Os trabalhadores remotos anseiam por previsibilidade. Os líderes podem ajudar fornecendo uma comunicação clara, consistente e direta sobre a descrição do trabalho e das responsabilidades.

- **Dê feedback.** Os trabalhadores remotos não são menos propensos a ter um bom desempenho e avançar na carreira que os colegas de trabalho presenciais. Os líderes devem oferecer feedback apropriado e construtivo para dar suporte às metas individuais.

- **Promova o engajamento, mas não evite o conflito.** Garantir que sua equipe se consolide é um esforço incessante. Estruturar um período para conversas informais no início das reuniões virtuais, bem como momentos de diversão virtuais, pode ajudar as equipes a se unir. Os líderes também podem incentivar os membros a apreciar as diferenças dos outros e dar segurança suficiente para que expressem divergências ou preocupações.

Capítulo 7

Capítulo 8

Como preparo minha equipe para crises globais?

O problema estava se formando em Istambul. Manifestantes antigovernamentais se espalharam no amado Parque Taksim Gezi e apareceram em manchetes internacionais. A tropa de choque, na tentativa de assumir o controle, disparou gás lacrimogêneo contra a multidão de pedestres. Istambul é dividida pelo rio Bósforo em dois continentes – a Europa de um lado e a Ásia do outro – e suas pontes são motivo de orgulho. Mas no verão sufocante de 2013, uma nova divisão estava se estabelecendo na sociedade turca – e era quase impossível de superar: um desacordo geracional entre as forças do progresso e da tradição. Com o aprofundamento da crise, a agitação civil tomou conta do país. A sociedade turca convencional espalhava sua velha retórica antiamericana. Quando os manifestantes derramaram refrigerantes nas ruas, jurando nunca mais consumir os produtos da Coca-Cola, a retórica se transformou em ação. A Coca-Cola, vista como um ícone norte-americano, havia se tornado o símbolo da interferência e opressão do Ocidente na Turquia.

Galya Molinas, presidente da Unidade de Negócios da Coca-Cola na Turquia, no Cáucaso e na Ásia Central, estava bastante atenta ao que poderia significar o derramamento de refrigerantes em praça pública. Sua equipe sênior, predominantemente feminina, acabara de celebrar uma sequência de dezessete meses de desempenho récorde e crescimento de volume. Veterana de vinte anos com um histórico estelar na empresa, conhecida por um sorriso caloroso e simpático e uma atitude que exalava competência, Molinas era um modelo de liderança turca moderna. Mas, assim como com outras empresas norte-americanas, as vendas em sua unidade de negócios já haviam despencado drasticamente em resposta à agitação política. Ela tinha plena ciência de que o sucesso sem precedentes de sua equipe estava ameaçado por fatores externos que estavam fora de seu controle.

Ela e sua equipe são um exemplo convincente de que no ambiente de negócios cada vez mais global de hoje, o que ocorre em um país ou uma região do mundo pode repercutir globalmente. Se você lidera uma equipe global, é provável que já tenha encontrado ou vá encontrar uma experiência equivalente a "pessoas derramando refrigerantes em praça pública" motivada por eventos externos. Os mercados mundiais interconectados em que todos vivemos e trabalhamos são os principais fatores na criação de uma série contínua de crises menores e na exigência de que toda liderança seja global. Quaisquer dúvidas que restassem de que o mundo está profundamente interconectado foram eliminadas pela pandemia da covid-19 de 2020, que trouxe uma crise global que causou estragos não apenas na vida de milhões de pessoas de repente forçadas a trabalhar remotamente, mas também nas relações geopolíticas enquanto os países, alternadamente, cooperavam e competiam por recursos.

No século passado, o proeminente político de Massachusetts Tip O'Neill cunhou e tornou famosa a ideia de que "toda política é local". Ele acreditava que o que quer que acontecesse em pequenas comunidades tinha consequências para um governo maior, e que políticos eficazes estavam em contato com as preocupações cotidianas de seus constituintes locais. Hoje, é mais correto dizer também que "toda liderança é global". Compreender como as questões globais impactam as sensibilidades locais é fundamental. Não importa quão local seja seu domínio, você deve estar em contato com os problemas globais atuais e aprender a desenvolver novas capacidades em resposta a crises induzidas globalmente que podem afetar sua organização. Globalidade e localidade têm que funcionar juntas.

Neste capítulo, vou explicar primeiro como fatores cada vez mais voláteis, incertos, complexos e ambíguos (VICA) criam as condições para os efeitos em cascata dessa interconexão e caracterizam um mundo onde uma crise é esperada. Em seguida, apresento a mentalidade que os líderes de equipes globais devem cultivar e desenvolver para navegar em nosso mundo interconectado e sujeito a crises, e explico o que isso tem a ver com uma câmera de iPhone. Você vai ler sobre o que os sociólogos chamam de *efeito do país de origem,* e por que isso é importante para empresas globais, bem como por que uma equipe cognitivamente diversificada é essencial para os desafios apresentados por um mundo interconectado. Ao longo do capítulo, você vai acompanhar a história da equipe de Molinas, que aprenderam a

Capítulo 8

enfrentar com sucesso a crise da queda de desempenho, e também da liderança de Molinas para enfrentar as mudanças revolucionárias que a covid-19 trouxe para o mundo.

VICA: como vivemos agora

Em uma era de globalização, as empresas precisam funcionar em um mundo com VICA. Adaptado de um termo usado pela US Army War College para descrever o ambiente no qual os líderes militares devem operar, o termo VICA hoje pode ser aplicado a condições como uma quebra do mercado, um desastre natural ou uma crise de saúde pública.[1] VICA é uma constante no mundo em que vivemos. Embora o que se segue possa parecer familiar, ter o vocabulário e uma compreensão mais completa da maneira como o mundo existe hoje em dia é o primeiro passo para descobrir como você pode enfrentar melhor seus desafios consideráveis. Os exemplos que ofereço são a ponta do iceberg; sem dúvida, você pode trazer muitos mais.

Volatilidade descreve um estado de mudança constante que é dinâmico, repentino e rápido.

Manifestantes jogando Coca-Cola nas ruas representaram um desafio inesperado para a empresa; ninguém poderia prever qual forma os protestos teriam e quanto tempo durariam. Outros exemplos de volatilidade são os preços flutuantes depois da escassez de oferta decorrente de um desastre natural, ou o aumento e a queda das taxas de infecção de covid-19 em todo o mundo. Terremotos e inundações geram condições fisicamente voláteis para os profissionais de ajuda humanitária.

Incerteza se refere à imprevisibilidade dessas mudanças repentinas e rápidas, tornando difícil prever eventos e se preparar para eles.

Molinas entendeu que a agitação política afetou as vendas da Coca-Cola e, embora agisse para remediar a situação, não tinha certeza de que as mudanças que faria aumentariam a receita. Outros exemplos mais gerais de incerteza incluem o lançamento de novos produtos de uma determinada concorrente, ou o momento e a eficácia de uma nova vacina. Congelamento de contratações, números do desemprego que aumentam ou diminuem, ou o efeito de novas regulamentações governamentais criam condições incertas nas quais os líderes devem operar sem poder prever os resultados com precisão. A incerteza costuma envolver mais de um fator, como o lançamento de um novo produto no mercado em um país com novas regulamentações *e* uma economia em dificuldades.

Complexidade implica situações com muitas dimensões e partes móveis cujo grande volume cria condições difíceis – se não impossíveis – de controlar.

Em 2013, Molinas estava à frente de um território que incluía oito países da Ásia Central, além da Turquia. Qualquer mudança que ela e sua equipe fizessem teria que acomodar um excesso de equipes locais descentralizadas, engarrafadoras, mercados, consumidores, líderes regionais e tradições culturais, bem como decisões e dinâmicas da sede em Istambul. As multinacionais são, por definição, organizações que operam em uma rede de complexidade, o que inclui as leis, regulamentos e costumes de vários países. A complexidade também é um fato para muitas organizações na sociedade atual. Hospitais, instituições financeiras, centros de tecnologia e aeroportos operam com graus de complexidade inimagináveis para uma pessoa que tenha vivido um século atrás. A complexidade é uma condição que garante que as coisas vão se romper ou dar errado de maneiras que podem levar a crises pequenas e grandes.

Ambiguidade se refere a situações em que alguém enfrenta "incógnitas", e as relações causais não são claras.

Em 2013, Molinas não sabia como as decisões tomadas pela liderança em Istambul afetariam os mercados locais no Azerbaijão ou no Uzbequistão, dois países sob sua jurisdição. Da mesma forma, os detalhes do mercado local na Armênia e no Cazaquistão, também parte de seu território da Ásia Central, eram, por definição, desconhecidos por causa de sua distância geográfica de Istambul. Como outros líderes globais que entram em um mercado emergente, ela estava fadada a trabalhar em condições cheias de ambiguidades. Sete anos depois, Molinas teria de operar em meio a uma ambiguidade ainda maior, além da volatilidade, incerteza e da complexidade, quando a pandemia mundial causada pela covid-19 abalou o mundo. Vou descrever como ela lidou com isso um pouco mais adiante. Não sabemos quais serão os efeitos de longo prazo da covid-19 nas organizações, indústrias e sociedades, mas sabemos que o mundo mudou profundamente. Durante a pandemia, cada líder de governo teve que tomar decisões pesando perdas e ganhos da quarentena *versus* negócios como de costume, embora nenhum deles pudesse prever, com precisão, as consequências de qualquer estratégia que usasse.

Em conjunto, a volatilidade, incerteza, complexidade e a ambiguidade que constituem o mundo no qual os líderes de negócios de hoje devem operar são um barril de pólvora para crises periódicas.

Quebras do mercado, desastres naturais, crises de saúde pública, convulsões políticas – todas são crises inesperadas que os líderes globais devem esperar e para as quais têm que se preparar.

Em um sentido fundamental, preparar sua equipe para uma crise significa estender sua preocupação para muito além da equipe em si, dos mercados ou setores. Em meus anos de encontros e palestras com centenas de líderes do mundo todo sobre como se preparar da melhor forma para enfrentar essas crises, aprendi que, quer atendam principalmente a mercados internacionais ou locais, os líderes de equipe devem desenvolver Aptidão de Liderança Global. Essa aptidão exige que você aprenda a *desenvolver a consciência panorâmica, enquadrar* ativamente *a situação* e exercitar a capacidade de *agir imediatamente*. Cada uma dessas habilidades tem amplas aplicações e interpretações. No restante deste capítulo, veremos como Galya Molinas usou as três habilidades.

Desenvolva consciência panorâmica

Para entender a consciência panorâmica, pense em uma lente de câmera, em especial aquela que tanta gente usa no onipresente iPhone. Sabemos usar as lentes de paisagem para fotografar uma faixa larga de um campo ou uma visão de 360° de uma sala. Para tirar uma foto em close de uma única árvore em uma paisagem, ou do rosto de um amigo em uma sala, usamos as lentes de retrato. Da mesma forma, os líderes globais devem aprender a desviar sua atenção de uma faixa ampla de eventos, que muitas vezes são de escopo internacional e envolvem crises, para closes de, por exemplo, dinâmica de equipe ou números de vendas locais.

Analisar as questões globais atuais é o primeiro passo para desenvolver uma consciência panorâmica. Os líderes não podem se dar ao luxo de consumir notícias só de uma parte do mundo. Como a lente da paisagem, você precisa manter constantemente uma visão o mais ampla possível dos eventos internacionais, incluindo a flutuação dos preços do petróleo, as mudanças regulatórias ou de legislação trabalhista, e a escassez ou os excedentes na agricultura que poderiam impactar ecossistemas inteiros. Quer sejam transitórios e rápidos ou mutáveis, é importante estar vigilante e investigar a relevância dos eventos globais. Uma prática simples, mas essencial, é consumir uma variedade de mídias internacionais de forma consistente. Isso permitirá que você compreenda melhor os eventos, geopolíticos ou não – o que é o primeiro passo para definir os problemas locais que sua perspectiva de "lente de retrato" vai detectar em sua jurisdição comercial.

Recentemente, perguntei a Molinas quais fontes de mídia ela segue para se manter informada. Ela confessou que não assiste ao noticiário diário na TV porque não "oferece insights nem compreensão", e é "altamente politizado". Ela listou as mídias que lê na internet – BBC, *New York Times, Wall Street Journal, Financial Times, The Economist, Al Jazeera* e *The Atlantic*. E contou que também é "alimentada" pelas pessoas cultas e cognitivamente diversas que a cercam; seus interesses em campos variados como biologia, política, medicina e sociologia propiciam compartilhar conhecimento em um nível elevado e abrangente.

Manter vigilância sobre uma paisagem global volátil, na qual um raio pode cair a qualquer momento, muitas vezes pode custar uma boa noite de sono. Os sentimentos antiamericanos que levaram ao derramamento da Coca-Cola nas ruas de Istambul de início chocaram e paralisaram Molinas e toda sua equipe sênior de alto desempenho. Meses antes, seus números haviam quebrado recordes! O país onde operava foi o único de toda a empresa que apresentou crescimento de volume com dois dígitos por dois anos consecutivos, ganhando uma dúzia de prêmios Coca-Cola em 2010 e 2011. As equipes executivas da China as tinham visitado, querendo saber como Molinas e sua equipe haviam superado, com sucesso, o desafio de trabalhar com muitas engarrafadoras locais distribuídas em uma extensa região geográfica. Mas ela estava vivendo uma queda perigosa nas receitas, sem nenhum sinal claro de quando, e como, a hemorragia se estancaria. O problema que se formava em Istambul – uma situação clássica de VICA – ameaçava colocar um limite abrupto e prematuro no sucesso de Molinas, podendo até incapacitar a equipe.

Quando ela ajustou suas lentes para uma consciência panorâmica, o que dominava a paisagem na época era o sentimento antiamericano desenfreado na Turquia. Os cientistas sociais chamam esse fenômeno de *efeito do país de origem*. Compreender o efeito do país de origem e suas consequências vai ajudar a identificar e lidar com uma das crises mais comuns que você pode enfrentar como líder global em um mundo interconectado.[2]

Lidando com o efeito do país de origem

O efeito do país de origem, termo criado pelo sociólogo Robert Schooler em meados da década de 1960, tem consequências imensas na economia global, especialmente para o marketing, tornando-se uma das prioridades dos líderes. Simplificando, o efeito do país de origem entra em ação quando os consumidores estereotipam um produto ou serviço de acordo com preconceitos sobre o país de origem do produto, e não de acordo com seu valor intrínseco. O efeito do país de origem pode ser positivo, mas com mais frequência é negativo, como na rejeição da Coca-Cola pela Turquia por causa do sentimento antiamericano dos cidadãos de lá.

Os líderes globais devem prever as ameaças que os efeitos do país de origem representam para o desempenho da receita. Essas ameaças podem assumir a forma de boicotes em uma escala sem precedentes. Hoje, as redes sociais conectam uma rede global remota de consumidores que pode comunicar informações instantaneamente, organizar campanhas em grande escala e gerar mobilizações contra empresas sediadas em países cujas políticas eles consideram questionáveis.

Vejamos alguns exemplos do efeito do país de origem em uma área do mundo que exigiu que os líderes desenvolvessem níveis elevados de consciência panorâmica – o Oriente Médio. Motivados por sentimentos antiocidentais, uma série de boicotes e protestos de consumidores geraram revoltas voláteis e mudanças políticas na região.

Um boicote de consumidores forçou a Sainsbury's, principal rede de supermercados britânica, a sair do mercado egípcio em 2001, depois que a multinacional sofreu perdas de mais de 125 milhões de dólares em dois anos. Embora fornecessem empregos e produtos populares, o sentimento negativo contra a rede surgiu no Egito devido a histórias sobre as supostas ligações da empresa com Israel. Os consumidores usaram o boicote para expressar sua objeção à reação dos militares israelenses aos protestos nos territórios palestinos. Em outro exemplo, a Arla Foods, uma empresa dinamarquesa estabelecida há muito tempo no Oriente Médio, quase teve que se retirar de todo o mercado da região por conta de um boicote em 2006, depois que caricaturas publicadas por um jornal da Dinamarca formam interpretadas como ridicularização à fé islâmica. Além do fato de a empresa de alimentos e o jornal serem dinamarqueses, não existia nenhuma ligação clara entre as duas organizações. No entanto, a Arla teve que reagir.

Os efeitos do país de origem podem depender mais da percepção que dos fatos. Comunicações e mensagens eficazes são essenciais para converter ou reformular percepções intensamente negativas e transformá-las em razões positivas para os consumidores. A Arla conseguiu permanecer na região dissociando-se proativamente das charges ofensivas e as denunciando publicamente, com anúncios de página inteira em jornais de todo o Oriente Médio. Da mesma forma, quando circularam rumores de que a Nestlé, uma multinacional suíça, estava usando leite em pó da Dinamarca, a empresa pôs anúncios em jornais da Arábia Saudita para informar aos consumidores que seus produtos *não* eram de origem dinamarquesa.

Os líderes globais precisam entender e se conscientizar de que os boicotes dos consumidores costumam estar ligados a eventos políticos internacionais, e não a práticas corporativas. Não muito tempo atrás, quando discuti o efeito do país de origem com CEOs mexicanos, surgiu o tema das eleições presidenciais de 2016 nos EUA. A maioria dos presentes disse que ficaram paralisados de choque e medo depois que Donald Trump foi eleito 45º presidente dos Estados

Capítulo 8

Unidos. Enquanto candidato, ele prometera impor regras comerciais severas para o México, aumentar as deportações, e fez campanha ameaçando erguer um muro na fronteira entre os dois países. Logo após a eleição, os consumidores mexicanos começaram a boicotar os produtos americanos.[3] Apelos específicos para boicotar empresas dos EUA no México atingiram McDonald's, Walmart, Coca-Cola e Starbucks, com hashtags como "#AdiosStarbucks" ou "Goodbye Starbucks" bombando nas redes sociais no México.[4] Além disso, as relações com os fornecedores estavam sendo rompidas. As ofertas de contratos antes fáceis de obter passaram a ser fugazes. O impacto sobre o peso mexicano foi duro e atingiu todas as empresas.

Os consumidores norte-americanos não estão imunes ao efeito do país de origem. Quando os cientistas sociais entrevistaram quinhentos residentes, selecionados aleatoriamente no Texas, sobre sua disposição de comprar produtos de 36 países-teste que tinham estruturas socioeconômicas e políticas diferentes, descobriram que os participantes "estavam mais dispostos a comprar produtos de países economicamente desenvolvidos livres de cultura europeia, australiana ou neozelandesa". Em outras palavras, é mais provável que as pessoas prefiram produtos de países com sistemas de crenças e climas culturais semelhantes aos seus, e que sejam menos propensas a comprar daqueles que consideram antagônicos ou diferentes.

Enquadre a situação

Quando usa uma câmera para tirar uma foto no modo retrato, seja um retrato de família, uma refeição bem preparada ou até mesmo uma selfie, você escolhe como enquadrar a imagem. Quanto do fundo deve aparecer? De qual ângulo? Quantos cliques antes de acertar? Enquadrar a situação para preparar sua equipe para uma crise globalmente induzida funciona de maneira semelhante. Depois de observar uma paisagem panorâmica e conseguir prever o risco que está por vir, você deve analisar com atenção as mudanças que pode fazer em sua equipe para enfrentar os desafios futuros causados por eventos globais.

Por exemplo, nos meses que antecederam a eleição de 2016 nos EUA, os CEOs mexicanos podem ter conseguido enxergar melhor os vários cenários para neutralizar quaisquer efeitos em seus produtos ou serviços. Enquadrar a situação, mudando sua lente de panorâmica para uma série de cenários em porta-retratos, permite prever ativamente como eventos atuais podem afetar o futuro no curto e longo prazo. À medida que o clima político global se torna mais polarizado, e os clientes reagem de acordo com essa polarização, prever ativamente e enquadrar os cenários potenciais se torna crucial.

Um tipo de teste decisivo para um enquadramento competente da situação ficou aparente nas várias respostas que os líderes adotaram no final de 2019 e início de 2020, quando o mundo tomou conhecimento da existência e da ameaça de um novo coronavírus que se espalhava rapidamente pelas fronteiras nacionais. Vejamos, primeiro, como a liderança de Nova Orleans, Louisiana, enquadrou a situação.

No mês que antecedeu o festival anual de Mardi Gras, que atrai mais de um milhão de pessoas do mundo todo, o governo dos Estados

Unidos divulgou um relatório dizendo que o novo coronavírus, detectado na China, era uma ameaça pequena para a população norte-americana. O prefeito, junto com a máxima autoridade da saúde da cidade e os que planejavam o festival, interpretaram o relatório de forma literal. Esse erro de cálculo teve consequências trágicas. O Mardi Gras foi realizado em 25 de fevereiro, e mais de 1,4 milhão de pessoas amontoadas se divertiram nas ruas da cidade. Esse 25 de fevereiro de 2020 também foi o dia em que os Centros de Controle de Doenças dos EUA emitiram avisos claros sobre a possível disseminação de enfermidades, e que as cidades deveriam começar a planejar medidas rígidas de contenção. Mas era tarde demais. O dano já havia sido feito. A situação havia sido enquadrada incorretamente, fora de foco, ou sem foco algum.

Quase duas semanas depois, em 9 de março, o primeiro paciente com coronavírus foi identificado em Nova Orleans. O vírus se espalhou sem parar, e a cidade logo teve uma das taxas de infecção e mortalidade de aumento mais rápido dos Estados Unidos. Em seguida, o prefeito defendeu a decisão de realizar a festa, insistindo que a prefeitura havia agido de acordo com as informações disponíveis na ocasião, visto que o governo federal não havia emitido nenhum alerta sobre o país estar "potencialmente à beira de uma crise pandêmica".[5] No entanto, a notícia de que um vírus mortal estava à solta já havia sido divulgada. Ao que tudo indica, não basta detectar uma crise iminente no horizonte, os líderes também precisam aceitar sua realidade. Os especialistas descobriram que, quando os líderes não dão atenção aos sinais de alerta, é porque acreditam erroneamente que sua empresa é invulnerável ou porque, ao negar a realidade, podem manter uma sensação de normalidade.[6] Os governos de muitas outras cidades dos Estados Unidos e do mundo haviam enquadrado a situação de vários ângulos, provavelmente consultando uma série de fontes, reconhecendo a ameaça que se aproximava e tomando todas as medidas de precaução necessárias possíveis. Nova Orleans não podia ou não queria enquadrar a tempestade que estava no horizonte e sofreu severamente por isso.

Cingapura, em comparação, foi exemplar no modo de enquadrar a situação quando viu a potencial letalidade de um novo coronavírus saindo de Wuhan, China. Assim como alguns outros países, como Islândia, Nova Zelândia e Coreia do Sul, de início, Cingapura foi muito bem-sucedida na contenção do número de infecções em sua população e manteve essa taxa baixa. O sistema de saúde público conseguiu evitar a ameaça da doença mobilizando recursos significativos com antecedência. Experiências com outras crises de saúde pública, como o surto de SARS em 2003, muniram de informações os líderes do país quando eles entraram no modo retrato e previram vários cenários que poderiam surgir para sua população. Canais de comunicação precisos e eficazes entre agências oficiais, administradores médicos e funcionários já estavam ativos; a tecnologia de testes e rastreamento estava em vigor, e as pessoas entenderam o propósito da precaução ficando em casa. A população saiu relativamente ilesa porque a liderança, em diversos níveis, foi capaz de enquadrar e prever com precisão a crise de saúde da covid-19 de 2020, criando uma força-tarefa coordenada em todo o país.[7] Os líderes de Cingapura previram e enquadraram os riscos que viram no horizonte.

Capítulo 8

Gere soluções com mentes diversificadas

Embora não tenha sido tão volátil, complexa ou de longo alcance como a pandemia de covid-19 (ainda que ela também tivesse de lidar com os eventos de 2020), a crise que se formou em 2013 em torno de Molinas na Turquia é mais indicativa das crises globais que os líderes enfrentam regularmente. Sua unidade de negócios multinacional estava falindo, em grande parte devido às mudanças causadas pelo choque de fatores externos. Era necessário um enquadramento da situação. O primeiro lugar para onde Molinas virou suas lentes de close foi o mais próximo de casa – sua própria equipe.

Ela descreveu seu time como "ótimos analistas, ótimos profissionais de marketing, ótimas pessoas". Todas, exceto um, eram mulheres na casa dos quarenta anos, e todo mundo tinha origens profissionais e culturais semelhantes. Pareciam funcionar bem juntos, com facilidade até. Quando surgia um problema, todos concordavam com as opiniões uns dos outros. Não havia muita discussão; eram – como disse Molinas – "muito bons uns com os outros, e todos olhavam na mesma direção". Ninguém contestava a perspectiva do outro, e Molinas percebeu que o acordo unânime não era um bom presságio para o futuro da empresa. Mas a equipe estava ganhando prêmios pelo aumento da receita, de modo que ela não tomou uma atitude.

No entanto, quando a crise chegou, em 2013, ela teve que aceitar que sua equipe excelente era uma desvantagem. Apesar dos anos de experiência somados, ela percebeu que a equipe simplesmente não estava preparada para reinventar um negócio em resposta a uma crise provocada por protestos e sentimentos antiamericanos. A fim de prever ativamente o que quer que pudesse acontecer em seguida e tomar decisões sobre uma mudança de rota, ela precisava de uma equipe que pudesse abordar questões e problemas de novas maneiras. Essencialmente, ela teve que reenquadrar a situação.

A equipe quase não tinha experiência anterior com mercados emergentes para entender, interpretar e lidar com os riscos políticos e operacionais de seus consumidores fora da Turquia nos mercados emergentes da Ásia Central. Mais importante ainda, não havia ninguém que pudesse oferecer ideias e soluções para uma empresa que estava lutando contra o mal-estar da sociedade em geral. Molinas sabia que para compreender a fundo a dinâmica dos mercados emergentes e começar a planejar com antecedência para saber como remediar a situação, ela precisava de pessoas provenientes de diversos ambientes e que tivessem experiências semelhantes em outros lugares.

Esses insights não chegaram todos de uma vez. Ela me contou que ficou angustiada por vários dias tentando descobrir o melhor caminho a seguir. Molinas precisava estancar o sangramento e, nessas condições, sua equipe não tinha nada a oferecer. Em vez de adotar uma resposta reativa ou defensiva à crise, como alguns líderes teriam feito, ela tentou entender o problema genuinamente em suas raízes e pensar nas mudanças de gestão que faria. Finalmente, quando enquadrou a situação de vários ângulos diferentes e conseguiu ver com clareza o desafio que tinha pela frente, sua liderança fez uma declaração ousada: "Vamos obter o melhor talento disponível globalmente para todas as posições críticas". Em outras palavras, ela percebeu que ter experiência em negócios em economias

Capítulo 8

221

imprevisíveis e mercados emergentes havia se tornado mais importante que qualquer outra qualificação.

"Havia mal-estar e tensão entre os membros da liderança, mas fizemos o que tínhamos que fazer, e algumas decisões corajosas tiveram que ser tomadas", explicou. "Contratamos mais homens e pessoas de outros países." Refletindo sobre o que a experiência lhe ensinou, Molinas explica: "Aprendi que o pensamento diversificado é crucial para os líderes globais. Não dá para sobreviver apenas sendo um grande economista ou um grande especialista em finanças. Você precisa de uma compreensão completa da dinâmica dos vários países. Para isso, precisa ter uma equipe forte, diversificada e experiente".

As percepções de Molinas estão alinhadas com o que as pessoas que estudam a composição ideal de equipes também sabem. Equipes globais, cujos membros refletem uma variedade de origens demográficas, gêneros, religiões e culturas, estão mais bem equipadas cognitivamente para encontrar soluções eficazes para a mudança. A combinação de perspectivas e experiências únicas tem mais probabilidade de trazer pontos de vista únicos para a mesa e, por fim, resultar em uma melhor resolução de problemas.

Três executivos experientes, um do México, um da África do Sul e outro da Grécia, juntaram-se à equipe de liderança em 2015 e 2016. Molinas refletiu, "Eles trouxeram experiência de mais de vinte mercados emergentes na Ásia, Rússia, Oriente Médio, sul da Europa, África e América Latina. O diretor de RH, da África do Sul, trabalhara na Namíbia e em toda a África Subsaariana. O profissional de marketing morava na Venezuela, onde os desafios eram semelhantes aos do Uzbequistão". Ela se certificou de que cada novo contratado tivesse experiência relevante em mais de um país e tivesse enfrentado condições semelhantes às que agora enfrentaria.

Repetidas vezes ficou evidente que o contato entre indivíduos de origens diversas leva a novas soluções que superam as de equipes compostas por origens similares e homogêneas, e que equipes heterogêneas se tornam mais eficazes, com o tempo, na identificação de problemas e na geração de soluções. Identificar problemas e apresentar soluções perspicazes e inovadoras é exatamente o que equipes globais como a de Molinas necessitam, pois enfrentam ameaças emergentes dinâmicas e externas.

No entanto, além da diversidade, as equipes globais devem compartilhar pontos em comum sobre como trabalharão juntas. Um novo membro do time de Molinas lembrou que eles funcionaram bem juntos porque "a equipe se conectou em termos de valores essenciais, como sinceridade, autenticidade, postura apolítica e foco na missão". Eles conseguiram trabalhar de forma colaborativa e discutir diferenças de opinião que acabaram levando a soluções viáveis. Molinas percebeu que as pessoas estavam felizes, crescendo em suas novas funções e falando sobre a carreira de maneira positiva: "Pudemos mandar algumas pessoas para outros países para tarefas de curto prazo. Agora, elas estão assumindo papéis maiores".

A união da equipe de liderança exigiu muito trabalho. Molinas havia escolhido intencionalmente pensadores fortes e estratégicos, ansiosos para reconhecer percepções únicas e contribuir. "Estou feliz por ter tomado essa decisão", disse ela. "Mas vai exigir um grande esforço garantir que a nova equipe funcione como uma unidade

Capítulo 8

coesa." Só restaram dois de seus oito membros iniciais. Seu diretor de garantia de qualidade refletiu sobre sua experiência com a nova equipe diversificada: "A diversidade é boa? Sim, definitivamente! É fácil? Essa é outra questão. Tive que me acostumar a trabalhar com pessoas diferentes de países diferentes. Ter uma equipe diversificada é bom para diferentes perspectivas, mas a cultura de negócios de nossos colegas é diferente da nossa. Na Turquia, em geral, a cultura valoriza ser gentil com os outros. Não temos um estilo agressivo. Ao trabalhar com as engarrafadoras, administrar o relacionamento é uma prioridade fundamental. Os novos membros da equipe de liderança precisam de tempo para compreender a cultura e as realidades daqui e como trabalhamos".

O diretor de garantia de qualidade traz à tona um aspecto importante sobre o trabalho com equipes diversificadas: que os níveis de conforto individual com o confronto e conflito produtivo diferem segundo a cultura e o temperamento. Para ajudar aqueles que estavam relutantes em discordar abertamente, ela encorajou as pessoas a se conhecer primeiro no âmbito pessoal. Quando se sentissem familiarizados, uma sensação de confiança mútua facilitaria a discordância sem medo de ofender. Ela também considerou útil contratar um consultor externo para trabalhar com duas pessoas que tinham um passado militar e estavam acostumadas a um estilo de tomada de decisão de comando e controle, e não a um processo colaborativo e iterativo.

Enquanto a mesmice relativa da equipe anterior havia criado uma dinâmica de concordância cognitiva e eficiência, a nova equipe foi finalmente capaz de criar uma dinâmica saudável de debate aberto, discussão e atrito, qualidades que acabaram levando a soluções inovadoras. Por causa de sua ampla gama de perspectivas, Molinas comparou sua equipe às Nações Unidas e riu quando relatou: "Acredito que estou vendo um negócio muito mais saudável e uma dinâmica de equipe mais salutar. Para isso, eles estão discutindo mais. Adoro isso".

Aja!

Molinas disse que os choques externos da crise a forçaram a agir de acordo com o que já sentia acerca das limitações de liderar uma equipe carente de diversidade. Ela disse que também a fizeram perceber a importância de agir imediatamente para se preparar para a próxima crise. Em suas palavras:

> O que aprendi é que quando você percebe que algo não está funcionando, precisa chegar até o último átomo para ter certeza de que consertou a situação. Caso contrário, as coisas acontecem uma após a outra, e você pode perder muito tempo. É por isso que, para a saúde da organização e dos negócios, você deve agir no momento em que vê algo. No momento em que sente o problema.

Em muitos casos, o que precisa ser tratado é a composição da equipe. Uma diversidade de abordagens cognitivas – que vem de um pool de talentos amplamente representativo de nacionalidades, sociedades, culturas, religiões, origens raciais e assim por diante – desempenha um papel crucial na determinação da capacidade das equipes globais de se adaptar de forma eficaz às crises.[8] A adaptação é uma busca contínua para se manter relevante em ambientes de negócios

Capítulo 8

em constante mudança. A diversidade inspira o pensamento criativo necessário para se submeter à adaptação e continuar relevante em mercados em constante mudança. Os próprios membros da equipe com experiências diversas em mercados internacionais já dominaram a arte da adaptação, ajustando-se a novos e diferentes ambientes de trabalho e mercados, contextos políticos ou outros cenários.

Finalmente, Molinas descobriu que as ideias fluíam conforme os novos membros da equipe de liderança compartilhavam suas experiências, particularmente dentro de vários mercados emergentes, e as aplicavam conforme fosse apropriado. Por exemplo, membros da equipe com experiência no mercado russo forneceram insights apropriados para a Ásia Central. Um membro com experiência no mercado venezuelano, com seu histórico de turbulência política e golpes, forneceu insights aplicáveis na Turquia. Da mesma forma, a Venezuela tinha uma economia fechada, com muitos paralelos com o mercado no Uzbequistão.

A nova equipe de liderança também permitiu que ela transformasse uma estrutura totalmente centralizada, à qual havia resistido antes da crise. Ela criou o cargo de gerente geral para a Turquia, que se tornou membro da equipe de liderança, junto com um gerente geral semelhante na Ásia Central. Ambos conseguiram se manter próximos às operações em seus próprios mercados e agir depressa com base nos insights obtidos.

A combinação de experiências relevantes em todos os mercados permite que líderes e equipes ajam de acordo com o que o grupo aprende em relação a seus mercados. A diversidade de habilidades e experiências oferece a diversidade cognitiva necessária para ter ideias para a construção de novos modelos de negócios. Quando a diversidade está centrada nas habilidades funcionais, pode ajudar na construção de novas categorias de crescimento, ou acréscimos aos negócios principais em tempos de turbulência econômica. Equipes diversificadas exigem um esforço a mais para garantir um funcionamento coeso, mas seus insights podem resolver os desafios presentes ao abrir caminho para potenciais oportunidades.

Embora a composição das equipes e o papel dos líderes sejam essenciais, a estrutura em que atuam é igualmente importante. Ou seja, decidir se a equipe vai operar em uma estrutura centralizada, descentralizada ou híbrida em uma determinada geografia também influenciará o processo. Uma estratégia mais centralizada pode identificar mais prontamente as sinergias existentes e potenciais que podem ajudar na tomada de decisões e na execução das coisas. Para equipes globais, continuar próximo às equipes operacionais para obter insights do mercado local e agir depressa é crucial.

Epílogo: Molinas no México durante a covid-19

Encontrei Molinas em julho de 2020. Embora o número de pessoas recém-infectadas tivesse caído para níveis baixos em Massachusetts – um estado fortemente atingido nos primeiros meses da pandemia – e as lojas de meu bairro tivessem começado a reabrir, o número de casos relatados nos Estados Unidos continuou aumentando. Nessa época, Molinas era presidente da unidade de negócios da Coca-Cola Company no México. Esse país também registrou um número crescente de casos e mortes. Eu queria saber como ela estava lidando

Capítulo 8

com os choques enormes pelos quais todos nós estávamos passando. A crise em Istambul a havia preparado para uma paralisação global? Como ela estava encarando tudo pessoalmente? Que medidas tomou com seus funcionários e colegas?

A Coca-Cola mexicana mandou seus funcionários para casa para trabalhar remotamente no dia 17 de março. Molinas e seus colegas primeiro enquadraram a situação; passaram muito tempo conversando com antropólogos e sociólogos, tentando entender o que as pessoas estavam vivenciando comportamental e emocionalmente, e tentando prever quais mudanças poderiam ser transitórias e quais permanentes. Também tentaram prever como os líderes políticos poderiam responder, tanto no México como no mundo todo.

No entanto, esse primeiro enquadramento da situação não resolveria tudo. Molinas admitiu que preferia não gastar todo o seu tempo tentando definir o que o futuro reservaria – uma atividade que ela chama de "leitura da sorte". Ela achou mais produtivo simplesmente aceitar que a pandemia global havia "perturbado tudo" e que ninguém – CEO ou assistente novato – podia ter certeza de alguma coisa. Em vez de certeza, ela buscou clareza sobre quais escolhas poderiam ser feitas e quais seriam seus impactos no trabalho diário.

Para se adaptar à nova situação, ela realizou reuniões virtuais, nas quais os gestores abordaram as questões dos funcionários, psicólogos organizacionais falaram sobre os desafios da saúde mental e líderes seniores ofereceram suas percepções. Essas reuniões diárias de trinta minutos começaram no dia seguinte à paralisação da empresa e continuaram por 58 dias. Molinas sentiu que as comunicações veiculadas nas reuniões diárias eram especialmente necessárias em uma cultura de alta interação onde, antes da covid-19, ela levava pelo menos vinte minutos para chegar da entrada do prédio à sua sala por causa de todos os cumprimentos, abraços e das perguntas habituais sobre familiares. No fim das contas, as reuniões se tornaram "uma plataforma de diálogo e aprendizagem para todos", segundo ela.

Molinas e seus colegas agiram de imediato, desenvolvendo cinco princípios projetados para ajudar a administrar os primeiros cem dias da crise. O primeiro princípio era "as pessoas primeiro, com empatia no centro" e incluía "administre hoje para emergir mais forte" e "promova uma voz como um sistema". À medida que as condições mudaram, os princípios evoluíram para outros mais adequados para administrar os cem dias seguintes. Sua unidade de negócios simplificou as tarefas em 50%, priorizou dezesseis projetos críticos a ser administrados hoje para emergir mais forte, e alinhou a empresa em tarefas essenciais aos negócios. Eles centralizaram a alocação do orçamento e dos recursos humanos criando um gabinete de transformação em meio à crise em abril. Ela também trocou metade de sua equipe de liderança. A equipe introduziu três rotinas semanais – um fórum de tomada de decisões, um comitê de investimentos e sessões de coaching para os líderes de projeto. Também concentraram e alinharam os recursos para o ano e desenvolveram uma estratégia com prioridades críticas para perseguir diligentemente e entregar.

Molinas me contou que embora sua primeira resposta fosse tratar a emergência de saúde pública como qualquer outra crise – crise que ela conseguiu enfrentar "graças aos músculos e cicatrizes" que adquirira após ter lidado com muitas crises anteriores –, seu momento

Capítulo 8

229

de clareza surgiu quando percebeu, em choque, que o que estava acontecendo era muito "maior e mais complexo" que qualquer crise enfrentada no passado. "Essa experiência foi preciosa para mim e me influenciou de uma maneira profunda como pessoa", disse ela. A princípio, fiquei impressionada com o uso da palavra *preciosa,* que em geral se refere a algo valioso ou raro. Mas precioso também pode se referir a algo singular ou único, como nas últimas linhas do conhecido poema de Mary Oliver, "The Summer Day" [O dia de verão], quando ela pergunta o que cada um de nós planeja fazer com nossa "vida selvagem e preciosa". Quanto mais eu pensava nisso, mais a escolha de palavras me parecia adequada – se pudermos enfrentar uma crise com os olhos bem abertos, aprender a enquadrá-la da forma mais inteligente possível e, então, agir o mais rápido e melhor que pudermos, nós e nossas equipes teremos uma experiência profunda e preciosa. Um dos significados de "revolução" é o movimento circular de um objeto em torno de outro objeto. Na revolução remota, como mudamos uns aos outros e o que escolhemos fazer com nossa experiência preciosa depende de cada um de nós.

Sucesso de qualquer lugar: preparando-se para crises globais

- **Analise os problemas globais atuais** como o primeiro passo no desenvolvimento da consciência panorâmica. Consuma uma grande variedade de mídias internacionais de forma consistente para ajudar a prever como as questões globais podem impactar sua organização local.

- **Enquadre a situação e os riscos que** sua equipe pode enfrentar ao se preparar para lidar com os possíveis desafios futuros causados por eventos globais. Não reaja na defensiva; enquadre sua situação de maneira inteligente e de vários ângulos diferentes, em close, para analisar possíveis soluções.

- **Converse com colegas, funcionários e especialistas no assunto** para obter insights sobre a melhor forma de enfrentar uma crise contínua, ou se preparar para crises futuras.

- **Aja imediatamente,** da melhor maneira possível, em resposta a uma crise, quando tiver elaborado uma estratégia satisfatória.

- **Prepare-se para a mudança radical que pode ser necessária.** Crie uma estratégia para enfrentar a crise e entender que as ações podem exigir uma reorganização estrutural profunda, realocações de recursos, realinhamentos de liderança ou outras mudanças radicais.

Capítulo 8

Guia de Ação

Este "Guia de Ação" tem o objetivo de ajudar você e sua equipe a empregar insights e práticas recomendadas em cada capítulo em seu ambiente de trabalho. Cada conjunto de práticas foi criado para oferecer um aprofundamento maior no conteúdo do capítulo e permitir a reflexão, o aprendizado e a aplicação. Sua equipe remota e seus líderes devem responder a perguntas para aprimorar sua perspicácia de trabalho remoto, para que você possa lançar, confiar, aumentar a produtividade, usar ferramentas digitais com eficácia, desenvolver mais agilidade, trabalhar entre as diferenças, liderar virtualmente e se preparar para crises globais. As perguntas e os exercícios também têm o objetivo de promover experiências de vínculo, uma vez que você compartilha e discute o material do livro *A revolução do trabalho remoto* e as maneiras específicas de aplicá-lo à sua equipe. As perguntas não são um teste de habilidades! O objetivo é ajudá-lo a ter sucesso em qualquer lugar.

Você pode usar este guia de ação de várias maneiras. Talvez queira fazer os exercícios de ação imediatamente após a leitura de cada capítulo, a fim de absorver as informações e "fixá-las". Talvez queira realizar o exercício que parecer mais relevante para sua situação imediata. Alguns líderes podem querer mandar exercícios individuais a cada membro em preparação para uma reunião com todos juntos, que ocorreria pelo meio digital de sua escolha. Outros podem querer postar as questões práticas em uma ferramenta colaborativa, onde as pessoas podem contribuir de forma assíncrona e/ou anônima. Lembre também que os exercícios podem ser revisitados e repetidos ao longo do tempo conforme as condições da equipe mudam.

Capítulo 1 – Como podemos (re)avaliar para prosperar no trabalho remoto?

As práticas a seguir conduzirão sua equipe remota pela primeira e mais fundamental etapa na revolução do trabalho remoto: a sessão de avaliação da equipe. Veja essas dicas como guias ou, mais precisamente, plataformas de avaliação, para enquadrar sua sessão e fazê-la decolar. Sua equipe deve cobrir as principais áreas de uma sessão de avaliação bem-sucedida: refinar os objetivos comuns da equipe, estabelecer suas normas de comunicação, compreender as contribuições e limitações de cada membro e identificar os recursos necessários para o sucesso. Se você é um líder, deve transmitir seu compromisso de ajudar a equipe a prosperar.

Essas ações também devem ser repetidas e adaptadas para cada sessão de reavaliação. Como o capítulo deixou claro, as sessões de avaliação não serão bem-sucedidas se forem tratadas como um evento isolado que dá início à jornada e logo é abandonado. A avaliação e a reavaliação são processos contínuos durante todo o ciclo de vida de qualquer equipe, especialmente as remotas.

1. Descreva os objetivos comuns de sua equipe.

2. Como você descreveria suas regras de comunicação?

3. Na tabela abaixo, registre suas ideias sobre uma discussão de reavaliação para melhorar suas normas de comunicação atuais.

Norma de comunicação	Impacto

4. Na tabela abaixo, crie uma lista das contribuições e restrições dos membros de sua equipe.

Membro da equipe	Contribuições	Restrições
Jenny	Jenny é uma veterana com 20 anos de empresa e tem muito conhecimento institucional.	Ela trabalha remotamente em um fuso horário diferente da maioria da equipe.

5. Nas colunas abaixo, crie uma lista de recursos. Do que precisa para cumprir as metas da equipe, como elas o ajudarão a ter sucesso e onde localizá-las.

O quê	Como	Onde

6. Se você é líder, descreva três ideias para demonstrar comprometimento com sua equipe por meio de sessões de avaliação e reavaliação.

Guia de ação

Capítulo 2 – Como posso confiar em colegas que quase não vejo pessoalmente?

O plano de ação a seguir engaja você e sua equipe com conceitos-chave para promover confiança entre os membros da equipe virtual: curva de confiança, confiança cognitiva aceitável, confiança cognitiva rápida, confiança emocional, conhecimento direto e conhecimento refletido. O tipo de confiança e a intensidade variam com base na situação específica de uma equipe remota. Esses exercícios ajudam a determinar como deve ser a confiança em sua equipe remota – tanto nas relações entre membros da equipe e clientes.

1. Como a curva de confiança pode ajudar sua equipe a determinar o nível de confiança necessário para atingir seus objetivos? Por favor, seja específico.

2. Qual é a diferença entre confiança rápida e confiança aceitável? Use exemplos de seu trabalho remoto.

3. Descreva uma pessoa com quem você desenvolveu confiança emocional remotamente nos últimos seis meses. Que palavras ou ações você nota nesse relacionamento de confiança?

4. Desenvolva um plano que ajude a adquirir conhecimento direto no relacionamento com seus colegas virtuais, levando a um melhor entendimento das características pessoais dos outros e das regras de comportamento.

5. Desenvolva um plano que possa ajudá-lo a obter conhecimento refletido em seus relacionamentos com colegas de equipe virtuais, levando a uma visão mais profunda sobre como eles o veem e a uma empatia mais profunda por sua perspectiva.

6. Apresente três ideias que possam ajudá-lo a desenvolver confiança cognitiva e emocional com clientes virtuais.

Capítulo 3 – Minha equipe pode mesmo ser produtiva remotamente?

Existem três critérios de produtividade testados e comprovados que *avançam* no trabalho remoto em equipe: 1) entrega de resultados; 2) facilitação do crescimento individual; 3) desenvolvimento da coesão da equipe. Em termos de equipe, as seguintes práticas vão ajudar a avaliar com precisão a produtividade, identificar potenciais pontos cegos e aumentar a coesão de sua equipe. Em termos individuais, vão ajudar a aumentar as contribuições dos colegas de equipe e, ao mesmo tempo, aprimorar seu próprio desempenho no trabalho remoto.

1. Avalie a produção de sua equipe até o momento. (Veja exemplos de respostas)

Resultados	Cumpriu as expectativas? (Sim ou não)	Superou as expectativas? (Sim ou não)	Explique
Novo aplicativo para a web	Sim	Sim	Atendemos às necessidades básicas de compartilhamento de dados de projetos do cliente e criamos uma interface dinâmica e intuitiva. Acrescentamos uma linguagem de processamento natural para as funcionalidades para dar um passo além.
Objetivos de vendas	Não	Não	Objetivos ficaram 16% abaixo da meta

Guia de ação

2. Como o trabalho remoto pode melhorar seu crescimento individual na equipe?

3. Avalie a coesão de sua equipe. Descreva todas as mudanças que você observou ao longo do tempo e liste as próximas etapas possíveis. (Exemplo de resposta)

Evidência de coesão da equipe	Impacto na produtividade	Próximos passos
Duplicamos a quantidade de reuniões virtuais de pequenos grupos.	Parece haver menos tensão entre os membros das equipes virtuais, que parecem mais conectados.	Estamos planejando solicitar reuniões virtuais diárias para ver se isso ajuda ainda mais na coesão da equipe, e vamos reavaliar dentro de um mês.

4. O que você pode fazer para que seus colegas se sintam incluídos em sua equipe remota? Por favor, seja específico.

5. Comente a lista de atributos que descrevem as condições de sua casa para o trabalho remoto e avalie como cada um afeta sua satisfação e produtividade no trabalho.

Capítulo 4 – Como devo usar ferramentas digitais no trabalho remoto?

As ferramentas digitais dão a infraestrutura para o trabalho em equipe remoto. Sem elas, a comunicação não seria só mais difícil, seria impossível. Mas como esse capítulo mostrou, nem todas as ferramentas digitais são iguais. Ocasiões diferentes exigem meios diferentes. As práticas a seguir vão levá-lo a refletir sobre as principais considerações para o uso mais eficaz de ferramentas digitais em sua equipe. Em termos individuais, os exercícios o tornarão mais preciso na escolha da ferramenta digital certa para a situação certa, e mais comunicativo em cada meio. Em termos de equipe, vão impulsionar o compartilhamento de conhecimento entre os membros, tornando a equipe mais colaborativa como um todo.

1. Descreva a última vez que você lidou com uma exaustão tecnológica. O que faria de diferente para evitar isso no futuro?

2. Como você descreveria as principais diferenças entre interações cara a cara e comunicações digitais?

3. Discuta com sua equipe os seguintes itens e decida a melhor ferramenta digital para sua organização alcançar cada um. Por exemplo, videoconferência pode ser sua escolha para coordenação que exija um meio síncrono e rico.

	Rico	**Pobre**
Síncrono	1. Coordenação 2. Discussão 3. Colaboração 4. Consolidação da equipe	7. Coordenação 8. Troca de informações
Assíncrono	5. Desenvolvimento de conteúdo 6. Seleção de equipe	9. Desenvolvimento de conteúdo 10. Troca de informações 11. Coordenação simples 12. Informações complexas

Guia de ação

1.	7.
2.	8.
3.	9.
4.	10.
5.	11.
6.	12.

4. Como sua equipe compartilha conhecimento? Como você e sua equipe podem melhorar?

5. Na sua opinião, quais são as vantagens e desvantagens de se comunicar usando ferramentas de mídia social privadas com sua equipe?

Capítulo 5 – Como minha equipe ágil pode operar remotamente?

Conquistas impressionantes de equipes em organizações de tamanhos e idades muito diferentes – de multinacionais centenárias e gigantes a startups de tecnologia nascidas digitalmente – mostram a empolgante sinergia entre métodos ágeis e equipes remotas. As práticas a seguir conduzem você ao altar desse casamento em uma série de etapas sobrepostas, conectando sua equipe com a missão subjacente das metodologias ágeis, aplicando o método ágil aos objetivos únicos de sua equipe, refletindo mais profundamente sobre como os métodos ágeis sincronizam com o formato remoto de sua equipe, e envolvendo-se de maneira mais intencional com as ferramentas digitais que facilitam essa harmonia. Cada uma dessas etapas ajudará sua equipe a compreender a filosofia ágil como um conceito e, a seguir, executá-la de maneiras demonstráveis específicas ao contexto de sua equipe remota.

1. Como as ferramentas de comunicação assíncrona podem ajudar a aprimorar discussões em tempo real para sua equipe ágil remota?

2. Como o método ágil pode ajudar sua equipe?

3. Descreva como um formato remoto melhoraria o processo de sua equipe ágil. Dê pelo menos dois exemplos concretos.

4. Como você pode fornecer aos investidores uma experiência melhor como membro de uma equipe ágil remota? Por favor, seja específico.

Capítulo 6 – Como minha equipe global pode ter sucesso mesmo com as diferenças?

As práticas a seguir vão levá-lo a refletir sobre as maneiras específicas como você e sua equipe são iguais e diferentes; como essas diferenças foram complicadas no passado e como aplicar regras concretas para superar essas diferenças e construir uma identidade de equipe. Individualmente, cada uma dessas práticas reduzirá a distância psicológica entre você e os membros de sua equipe. Em termos gerais, o exercício de construir uma identidade comum mais forte tornará a equipe mais coesa e colaborativa.

1. Como você pode ajudar a construir uma identidade para sua equipe?

Guia de ação

2. Descreva uma ocasião em que você se deparou com crenças ou regras desconhecidas em sua equipe distribuída globalmente. Como foi essa experiência?

3. Descreva uma ocasião em que você sentiu que tinha pontos em comum com um membro da equipe de outro contexto cultural. Como foi essa experiência?

4. O que você gostaria de aprender com os membros de sua equipe? O que pode ensinar a eles?

5. Pense no último mês e descreva uma interação difícil que você teve com um falante nativo ou não nativo de sua equipe. Explique por que a situação foi difícil para você. Explique por que a situação pode ter sido difícil para eles.

Capítulo 7 – O que preciso saber sobre liderança virtual?

Enfrentar esses desafios é uma questão de adaptar seu kit de ferramentas de liderança pessoal a um ambiente virtual e fazer esforços deliberados para estabelecer as bases do trabalho em equipe – que podem se formar com mais naturalidade em equipes presenciais. As práticas a seguir reforçarão um kit de ferramentas de liderança remota que previne as piores rachaduras (sejam elas resultado de diferenças de status, dispersão geográfica ou diferenças culturais), maximiza o potencial de cada membro individualmente e une a equipe em torno de seus objetivos finais.

1. Como você descreveria as principais diferenças entre liderar uma equipe de modo presencial e virtual?

2. Como as diferenças de status se manifestam em sua equipe? Quais são as três coisas que você pode fazer para minimizá-las?

3. Como você acha que sua equipe o avaliaria quanto à sua presença na comunicação? O que você deve fazer diferente?

4. Usando a tabela abaixo, descreva os pontos fortes individuais dos membros de sua equipe que podem ajudá-lo a atingir seu objetivo coletivo.

Membro da equipe	Pontos fortes

5. Identifique e avalie as rachaduras que podem impactar negativamente sua equipe.

Rachaduras	Impacto na equipe

Capítulo 8 – Como preparo minha equipe para crises globais?

A capacidade de prosperar em uma crise depende de três habilidades: consciência panorâmica, previsão ativa e ação imediata. As práticas a seguir levam você e seus colegas a refletir sobre a posição específica de sua equipe dentro do ambiente VICA, e como cada uma dessas três habilidades pode ajudá-los a reagir diretamente aos

Guia de ação

desafios inerentes. Em cada pergunta, você e sua equipe vão aplicar os conceitos gerais do capítulo às circunstâncias específicas de sua equipe remota.

1. Descreva os desafios que sua equipe enfrenta em um ambiente VICA.

2. Como a diversidade de seus colegas pode ajudar sua equipe a enfrentar os desafios de um ambiente VICA?

3. Como você e sua equipe podem ser afetados pelo efeito do país de origem?

4. Como você descreveria a preparação de sua equipe para crises globais?

5. Usando a tabela abaixo, avalie a consciência panorâmica, a previsão ativa e a capacidade de agir imediatamente diante de uma crise. Quando possível, forneça exemplos específicos para ajudar a justificar sua resposta.

Consciência panorâmica	Previsão ativa	Ação imediata

Notas

Capítulo 1: Como podemos (re)avaliar para prosperar no trabalho remoto?

1 HACKMAN, J. R. *Collaborative intelligence*: using teams to solve hard problems. Oakland: Berrett-Koehler, 2011. p. 155.

2 WAGEMAN, R.; FISHER, C. M.; HACKMAN, J. R. Leading teams when the time is right: finding the best moments to act. *Organizational Dynamics*, v. 38, n. 3, p. 194, 2009.

3 Ibid, p.193-203.

4 Ibid.

5 MATHIEU, J. *et al*. Team effectiveness 1997-2007: a review of recent advancements and a glimpse into the future. *Journal of Management*, v. 34, n. 3, p. 410-476, 2008.

6 O'LEARY, M. B.; WOOLLEY, Anita W.; MORTENSEN, Mark. Multiteam Membership in Relation to Multiteam Systems. In: ZACCARO, S. J.; MARKS, M. A.; DECHURCH, Leslie. *Multiteam systems*: an organization form for dynamic and complex environments. Nova York: Routledge, 2012. p. 141-172.

7 MORTENSEN, M.; HAAS, M. R. Perspective rethinking teams: from bounded membership to dynamic participation. *Organization Science*, v. 29, n. 2, p. 341-355, 2018.

8 PENTLAND, A. The new science of building great teams. *Harvard Business Review*, v. 90, p. 60-69, abr. 2012.

9 MORTENSEN, M.; HINDS, P. J. Conflict and shared identity in geographically distributed teams. *International Journal of Conflict Management*, v. 12, n. 3, p. 212-238, 2001.

10 EDMONDSON, A. C., *The fearless organization*: creating psychological safety in the workplace for learning, innovation e growth. Hoboken, NJ: John Wiley & Sons, 2019.

11 GOLDEN, T. D.; VEIGA, J. F.; DINO, R. N. The impact of professional isolation on teleworker job performance and turnover intentions: does time spent teleworking, interacting face-to-face, or having access to communication-enhancing technology matter? *Journal of Applied Psychology*, v. 93, n. 6, p. 1412-1421, 2008.

Capítulo 2: Como posso confiar em colegas que quase não vejo pessoalmente?

1 MCALLISTER, D. J. Affectand cognition-based trust as foundations for interpersonal cooperation in organizations. *Academy of Management Journal*, v. 38, n. 1, p. 24-59, 1995.

2 CHUA, R. Y. J.; MORRIS, M. W.; MOR, S. Collaborating across cultures: cultural metacognition and affect-based trust in creative collaboration. *Organizational Behavior Human Decision Processes*, v. 118, n. 2, p. 116-131, 2012.

3 NEELEY, T.; LEONARDI, P. M. Enacting knowledge strategy through social media: passable trust and the paradox of nonwork interactions. *Strategy Management Journal*, v. 39, n. 3, p. 922-946, 2018.

4 CRISP, B. C.; JARVENPAA, S. L. Swift trust in global virtual teams: trusting beliefs and normative actions. *Journal of Personnel Psychology*, v. 12, n. 1, p. 45, 2013.

5 CRISP, B. C.; JARVENPAA, S. L. Swift trust in global virtual teams: trusting beliefs and normative actions. *Journal of Personnel Psychology*, v. 12, n. 1, p. 45-56, 2013.

6 EARLEY, P. C.; GIBSON, C. B. *Multinational work teams*: a new perspective. Mahwah, NJ: Lawrence Erlbaum, 2002.

7 MCALLISTER, D. J. Affectand cognition-based trust as foundations for interpersonal cooperation in organizations. *Academy of Management Journal*, v. 38, n. 1, p. 24-59, 1995.

8 HUIJSER, M. *The cultural advantage*: a new model for succeeding with global teams. Boston: Intercultural Press, 2006.

9 JARVENPAA, S. L.; LEIDNER, D. E. Communication and trust in global virtual teams. *Organization Science*, v. 10, n. 6, p. 791-815, 1999. Esse é o mais antigo e o mais citado estudo sobre o conceito de confiança rápida em equipes virtuais.

10 ZAKARIA, N.; YUSOF, S. A. M. Can we count on you at a distance? The impact of culture on formation of swift trust within global virtual teams. In: WILDMAN, J. L.; GRIFFITH, R. L. (orgs.). *Leading global teams*: translating multidisciplinary science to practice. Nova York: Springer, 2015. p. 253-268.

11 MEYERSON, D.; WEICK, K. E.; KRAMER, R. M. Swift trust and temporary groups. In: KRAMER, R. M.; TYLER, T. R. (orgs.). *Trust in organizations*. Thousand Oaks, CA: Sage, 1996. p. 166-195.

12 STAPLES, D. S.; WEBSTER, J. Exploring the effects of trust, task interdependence and virtualness on knowledge sharing in teams. *Info Systems Journal*, v. 18, n. 6, p. 617-640, 2008.

13 SCHELLWIES, L. *Multicultural team effectiveness*: emotional intelligence as a success factor. Hamburgo: Anchor Academic Publishing, 2015.

14 MORTENSEN, M.; NEELEY, T. Reflected knowledge and trust in global collaboration. *Management Science*, v. 58, n. 12, p. 2207-2224, 2012.

15 COZBY, P. C. Self-Disclosure: a literature review. *Psychological Bulletin*, v. 79, n. 2, p. 73-91, 1973. DERLEGA, V. J.; WINSTEAD, B. A.; GREENE, K. Self-disclosure and starting a close relationship. *In*: SPRECHER, S.; WENZEL, A.; HARVEY, J. (orgs.). *Handbook of relationship initiation*. Nova

York: Psychology Press, 2008. p. 153-174. GREENE, K.; DERLEGA, V. J.; MATHEWS, A. Self-disclosure in personal relationships. *In*: VANGELISTI, A. L.; PERLMAN, D. (orgs.). *The Cambridge Handbook of Personal Relationships*. Boston: Cambridge University Press, 2006. p. 409-427.

Capítulo 3: Minha equipe pode mesmo ser produtiva remotamente?

1   ALLYN, B. Your boss is watching you: work-from-home boom leads to more surveillance, NPR: *All Things Considered* (blog), 13 maio 2020. Disponível em: https://www.npr.org/2020/05/13/854014403/your-boss-is-watching--you-work-from-home-boom-leads-to-more-surveillance. Acesso em: 3 maio 2021.

2   CUTTER, C.; CHEN, T.-P.; KROUSE, S. You're working from home, but your company is still watching you. *Wall Street Journal*, 18 abr. 2020. Disponível em: https://www.wsj.com/articles/youre-working-from-home-but-your--company-is-still-watching-you-11587202201?mod=searchresults&page--2&pos=18. Acesso em: 3 maio 2021.

3   THOMPSON, C. What if working from home goes on... forever? *New York Times*, 9 jun. 2020. Disponível em: https://www.nytimes.com/interac-tive/2020/06/09/magazine/remote-work-covid.html. Acesso em: 3 maio 2021.

4   The Deloitte Global Millennial Survey 2020, Deloitte, jun. 2020. Disponível em: https://www2.deloitte.com/global/en/pages/about-deloitte/articles/millennialsurvey.html#infographic. Acesso em: 3 maio 2021.

5   HACKMAN, J. R. *Leading teams*: setting the stage for great performances. Boston: Harvard Business School Press, 2002.

6   *Work-Life Balance and the Economics of Workplace Flexibility*, preparado pelo Conselho de Consultores Econômicos (Governo de Obama), Gabinete Executivo do Presidente (Washington, D. C., mar. 2010. Disponível em: https://obamawhitehouse.archives.gov/files/documents/100331-cea-e-conomics-workplace-flexibility.pdf. Acesso em: 3 maio 2021.

7 NEELEY, T.; DELONG T. J. *Managing a global team*: Greg James at Sun Microsystems Inc. (A). Harvard Business School Case n. 409-003. Boston: Harvard Business School Publishing, jul. 2008.

8 BLOOM, N. *et al.* Does working from home work? Evidence from a chinese experiment. *Quarterly Journal of Economics* 130, n. 1, 2015, p. 165-218.

9 CHOUDHURY, P.; FOROUGHI, C.; LARSON, B. Work-from-anywhere: the productivity effects of geographic flexibility. *Academy of Management Proceedings*, v. 2020, n. 1, p. 1-43, 29 jul. 2020.

10 MCCLOSKEY, D. W. Telecommuting experiences and outcomes: myths and realities. In: JOHNSON, N. J. *Telecommuting and virtual offices*: issues and opportunities. Hershey, PA: Idea Group, 2011. p. 231-246.

11 GOLDEN, T. D. Avoiding depletion in virtual work: telework and the intervening impact of work exhaustion on commitment and turnover intentions. *Journal of Vocational Behavior*, v. 69, n. 1, p 176-187, 2006.

12 KOSSEK, E. E.; LAUTSCH, B. A.; EATON, S. C. Telecommuting, control and boundary management: correlates of policy use and practice, job control e work-family effectiveness. *Journal of Vocational Behavior*, v. 68, n. 2, p. 347-367, 2006.

13 ALLEN, D. G.; RENN, R. W.; GRIFFETH, R. W. The impact of telecommuting design on social systems, self-regulation and role boundaries. *Research in Personnel and Human Resources Management*, v. 22, p. 125-163, 2003.

14 JOHNSON, S. K.; BETTENHAUSEN, K.; GIBBONS, E. Realities of working in virtual teams: affective and attitudinal outcomes of using computer--mediated communication. *Small Group Research*, v. 40, n. 6, p. 623-649, 2009.

15 GOLDEN, T. D.; VEIGA, J. F.; DINO, R. N. The impact of professional isolation on teleworker job performance and turnover intentions: does time spent teleworking, interacting face-to-face, or having access to communication-enhancing technology matter? *Journal of Applied Psychology*, v. 93, n. 6, p. 1416, 2008.

16 TATE, N. Loneliness rivals obesity, smoking as health risk, *WebMD*, 4 maio 2018. Disponível em: https://www.webmd.com/balance/news/20180504/loneliness-rivals-obesity-smoking-as-health-risk. Acesso em: 3 maio 2021.

Notas

17 GOLDEN, T. D.; GAJENDRAN, R. S. Unpacking the role of a telecommuter's job in their performance: examining job complexity, problem solving, interdependence and social support, *Journal of Business and Psychology*, v. 34, p. 55-69, 2019.

18 CORZO, C. Telecommuting positively impacts job performance, FIU business study reveals. *BizNews.FIU.Edu* (blog), 20 fev. 2019. Disponível em: https://biznews.fiu.edu/2019/02/telecommuting-positively-impacts-job--performance-fiu-business-study-reveals/. Acesso em: 3 maio 2021.

19 VEGA, R. P.; ANDERSON, A. J. A within-person examination of the effects of telework. *Journal of Business and Psychology*, v. 30, p. 319, 2015.

Capítulo 4: Como devo usar ferramentas digitais no trabalho remoto?

1 NEELEY, T; KELLER, J. T.; BARNETT, J. *From globalization to dual digital transformation: CEO Thierry Breton leading atos into "digital shockwaves" (A)*. Harvard Business School Case n. 419-027. Boston: Harvard Business School Publishing, abr. 2019.

2 BURKUS, D. Why banning email works (even when it doesn't), *Inc.*, 26 jul. 2017. Disponível em: https://www.inc.com/david-burkus/why-you-should--outlaw-email-even-if-you-dont-succe.html. Acesso em: 3 maio 2021.

3 COLCHESTER, M.; AMIEL, G. The IT Boss Who Shuns Email. *Wall Street Journal*, 28 nov. 2011. Disponível em: https://www.wsj.com/articles/SB10001424052970204452104577060103165399154. Acesso em: 3 maio 2021.

4 BURKUS, op. cit.

5 CRAMTON, C. D. The mutual knowledge problem and its consequences for dispersed collaboration. *Organization Science*, v. 12, n. 3, p. 346-371, 2001.

6 SHORT, J.; WILLIAMS, E.; CHRISTIE, B. *The social psychology of telecommunications*. Londres: Wiley, 1976.

7 DAFT, R. L.; LENGEL, R. H. Organizational information requirements, media richness e structural design. *Management Science*, v. 32, n. 5, p. 554-571, 1986.

8 DENNIS, A. R.; FULLER, R. M.; VALACICH, J. S. Media, tasks e communication processes: a theory of media synchronicity. *MIS Quarterly*, v. 32, n. 3, p. 575-600, 2008.

9 ARITZ, J.; WALKER, R.; CARDON, P. W. Media use in virtual teams of varying levels of coordination. *Business and Professional Communication Quarterly*, v. 81, n. 2, p 222-243, 2018. DENNIS, A. R.; FULLER, R. M.; VALACICH, J. S. Media, tasks e communication processes: a theory of media synchronicity. *MIS Quarterly*, v. 32, n. 3, p. 575-600, 2008.

10 SWAAB, R. I. *et al.* The communication orientation model explaining the diverse effects of sight, sound and synchronicity on negotiation and group decision-making outcomes. *Personality and Social Psychology Review*, v. 16, n. 1, p. 25-53, 2012.

11 SWAAB *et al.*, ibid.

12 MALHOTRA, A.; MAJCHRZAK, A. Enhancing performance of geographically distributed teams through targeted use of information and communication technologies. *Human Relations*, v. 67, n. 4, p. 389-411, 2014.

13 LEONARDI, P. M.; NEELEY, T. B.; GERBER, E. M. How managers use multiple media: discrepant events, power and timing in redundant communication. *Organization Science*, v. 23, n. 1, p. 98-117, 2012. Para que a comunicação fosse considerada redundante, a mensagem deveria conter as mesmas informações gerais da comunicação inicial. Não podia conter novas informações nem pedir ao receptor para se envolver em uma nova atividade. Em outras palavras, a mensagem não podia apresentar nada de novo, mesmo que a linguagem usada na segunda vez fosse diferente do original em uma frase como "como mencionei antes" ou "lembre-se" que indexasse a segunda comunicação à anterior. Nossa regra geral era que uma comunicação seria redundante se a mensagem contivesse cerca de 80% das mesmas informações da primeira mensagem. Se essa quantidade de informação fosse a mesma, codificávamos ambas as instâncias de uso de mídia juntas como uma comunicação redundante e aplicávamos um código. Por exemplo, quando descobríamos que um gestor ligou para um membro da equipe para passar alguns números para incluir em um relatório, e que depois essa pessoa enviou esses mesmos números para o mesmo membro da equipe por e-mail, codificávamos todo o episódio de comunicação redundante como telefone → e-mail.

14 SHACHAF, P. Cultural diversity and information and communication technology impacts on global virtual teams: an exploratory study. *Information & Management*, v. 45, n. 2, p. 131-142, 2008.

15 KLITMØLLER, A.; LAURING, J. When global virtual teams share knowledge: media richness, cultural difference and language commonality. *Journal of World Business*, v. 48, n. 3, p. 398-406, 2013.

16 ZAKARIA, N.; TALIB, A. N. A. What did you say? A cross-cultural analysis of the distributive communicative behaviors of global virtual teams, 2011. International Conference on Computational Aspects of Social Networks (CASoN), 2011, p. 7-12.

17 NEELEY, T. B.; LEONARDI, P. M. Enacting knowledge strategy through social media: passable trust and the paradox of non-work interactions. *Strategic Management Journal*, v. 39, n. 3, p. 922-946, 2017.

Capítulo 5: Como minha equipe ágil pode operar remotamente?

1 BECK, K. *et al.* Manifesto for Agile software development, 2001. Disponível em: https://agilemanifesto.org/. Acesso em: 3 maio 2021.

2 SUTHERLAND, J.; SUTHERLAND, J. J. *Scrum*: the art of doing twice the work in half the time. Nova York: Crown, 2014. p. 6.

3 DENNING, S. *The age of agile*: how smart companies are transforming the way work gets done. Nova York: Amacom, 2018.

4 BECK *et al.*, op. cit.

5 MISRA, S. *et al.* Agile software development practices: evolution, principles e criticisms. *International Journal of Quality & Reliability Management*, v. 29, n. 9, p. 972-980, 2012.

6 SUTHERLAND, J.; SUTHERLAND, J. J., op. cit.

7 KRUSH, A. 5 success stories that will make you believe in scaled agile. *ObjectStyle* (blog), 13 jan. 2018. Disponível em: https://www.objectstyle.com/agile/scaled-agile-success-story-lessons. Acesso em: 3 maio 2021.

8 LABREC, P.; BUTTERFIELD, R. Using agile methods in research. *Inside Angle* (blog), 3M Health Information Systems, 28 jun. 2016. Disponível em: https://www.3mhisinsideangle.com/blog-post/using-agile-methods-in-research/. Acesso em: 3 maio 2021.

9 BIDWE, H. 4 Examples of agilein non-technology businesses. *Synerzip*, 23 maio 2019. Disponível em: https://www.synerzip.com/blog/4-examples-of--agile-in-non-technology-businesses/. Acesso em: 3 maio 2021.

10 FRYREAR, A. Agile marketing examples & case studies. *AgileSherpas*, 9 jul. 2019, https://www.agilesherpas.com/agile-marketing-examples-case-studies/. Acesso em: 3 maio 2021.

11 KERR, W. R.; GABRIELI, F.; MOLONEY, E. A implementação do método ágil pelo ING Group. *Transformation at ING (A)*: Agile. Harvard Business School Case 818-077. Boston: Harvard Business School Publishing, revisado: maio 2018.

12 NEELEY, T.; LEONARDI, P.; NORRIS, M. *Eric Hawkins Leading Agile Teams @ Digitally-Born AppFolio (A)*. Harvard Business School Case 419-066. Boston: Harvard Business School Publishing, revisado: fev. 2020.

Capítulo 6: Como minha equipe global pode ter sucesso mesmo com as diferenças?

1 NEELEY, T. *(Re)Building a global team*: Tariq Khan At Tek. Harvard Business School Case 414-059. Boston: Harvard Business School Publishing, revisado: nov. 2015.

2 SIMMEL, G. The Stranger. *The Sociology of Georg Simmel*. Glencoe, IL: Free Press, 1950. p. 402-408.

3 NEELEY, T. *The language of global success*: how a common tongue transforms multinational organizations. Princeton, NJ: Princeton University Press, 2017.

4 NEELEY, T. Global Teams That Work, *Harvard Business Review*, v. 93, n. 10, p. 74-81, 2015. (adapt.)

Capítulo 7: O que preciso saber sobre liderança virtual?

1 FREI, F.; MORRISS, A. *Unleashed*: the unapologetic leader's guide to empowering everyone around you. Boston: Harvard Business School Press, 2020.

2 Para os fins deste livro, a estrutura da equipe se refere à configuração física das equipes. Sabe-se que na literatura sobre trabalho em equipe, a estrutura abrange uma gama muito mais ampla de atributos, incluindo alocação de tarefas, autoridade, papéis e responsabilidades, normas e padrões de interação, entre outros. Ver: STEWART, G. L.; BARRICK, M. R. Team structure and performance: assessing the mediating role of intrateam process and the moderating role of task type. *Academy of Management Journal*, v. 43, n. 2, p. 135-148, 2000; ILGEN, D. R. *et al*. Teams in organizations: from input-process-output models to IMOI models. *Annual Review of Psychology*, v. 56, p. 517-543, 2005.

3 O'LEARY, M. B.; CUMMINGS, J. N. The spatial, temporal e configurational characteristics of geographic dispersion in teams. *MIS Quarterly*, v. 31, n. 3, p. 433-452, 2007. O'LEARY, M. B.; MORTENSEN, M. Go (Con)figure: subgroups, imbalance e isolates in geographically dispersed teams. *Organization Science*, v. 21, n. 1, p. 115-131, 2010.

4 ARMSTRONG, D. J.; COLE, P. Managing distances and differences in geographically distributed work groups. In: HINDS, P.; KIESLER, S. (eds.). *Distributed work*. Cambridge, MA: MIT Press, 2002. p. 167-186.

5 POLZER, J. T. *et al*. Extending the faultline model to geographically dispersed teams: how colocated subgroups can impair group functioning. *Academy of Management Journal*, v. 49, n. 4, p. 679-692, 2006.

6 LEONARDI, P. M.; RODRIGUEZ-LLUESMA, C. Occupational stereotypes, perceived status differences and intercultural communication in global organizations. *Communication Monographs*, v. 80, n. 4, p. 478-502, 2013.

7 LAU, D. C.; MURNIGHAN, J. K. Demographic diversity and faultlines: the compositional dynamics of organizational groups. *Academy of Management Review*, v. 23, n. 2, p. 325-40, 1998.

8 BEZRUKOVA, K. *et al.* Do workgroup faultlines help or hurt? A moderated model of faultlines, team identification e group performance. *Organization Science*, v. 20, n. 1, p. 35-50, 2009.

9 HINDS, P. J.; NEELEY, T.; CRAMTON, C. D. Language as a lightning rod: power contests, emotion regulation e subgroup dynamics in global teams. *Journal of International Business Studies*, v. 45, n. 5, p. 536-561, jun.-jul. 2014.

10 BEZRUKOVA *et al.*, op. cit.

11 ELLEMERS, N.; DE GILDER, D.; HASLAM, S. A. Motivating individuals and groups at work: a social identity perspective on leadership and group performance. *Academy of Management Review*, v. 29, n. 3, p. 459-478, 2004.

12 ILOZOR, D. B.; ILOZOR, B. D.; CARR, J. Management communication strategies determine job satisfaction in telecommuting. *Journal of Management Development*, v. 20, n. 6, p. 495-507, 2001.

13 MCCLOSKEY, D. W.; IGBARIA, M. Does "out of sight" mean "out of mind"? An empirical investigation of the career advancement prospects of telecommuters. *Information Resources Management Journal*, v. 16, n. 2, p. 19-34, 2003.

14 POLZER, J. Building effective one-on-one work relationships. Harvard Business School n. 497-028. Boston: *Harvard Business School Publishing*, 2012.

Capítulo 8: Como preparo minha equipe para crises globais?

1 MACKEY, R. H., Sr. *Translating vision into reality*: the role of the strategic leader. Carlisle Barracks, PA: U.S. Army War College, 1992.

2 SCHOOLER, R. D. Product Bias in the Central American Common Market. *Journal of Marketing Research*, v. 2, n. 4, p. 394-397, 1965.

3 JENKINS, J. Why Palestinians Are Boycotting Airbnb. *ThinkProgress*, 22 jan. 2016. Disponível em: https://archive.thinkprogress.org/why-palestinians-are-boycotting-airbnb-d53e9cf12579/; GRILLO, Ioan. Mexicans launch

Notas

boycotts of U.S. Companies in Fury at Donald Trump. *Time*, 27 jan. 2017. Disponível em: http://time.com/4651464/mexico-donald-trump-boycott--protests/. Acesso em: 3 maio 2021.

4   GRILLO, op. cit.

5   MONTGOMERY, D.; CHA, A. E.; WEBSTER, R. A. "We were not given a warning": New Orleans mayor says federal inaction informed Mardi Gras decision ahead of covid-19 Outbreak. *Washington Post*, 27 mar. 2020. Disponível em: https://www.washingtonpost.com/national/coronavirus-new-orleans--mardi-gras/2020/03/26/8c8e23c8-6fbb-11ea-b148-e4ce3fbd85b5_story. html. Acesso em: 3 maio 2021.

6   JAMES, E. H.; WOOTEN, L. P. Leadership as (un)usual: how to display competence in times of crisis. *Organizational Dynamics*, v. 34, n. 2, p. 141-152, 2005.

7   HSU, L. Y.; TAN, M.-H. What Singapore can teach the U.S. About responding to covid-19. *Stat*, 23 mar. 2020. Disponível em: https://www.statnews. com/2020/03/23/singapore-teach-united-states-about-covid-19-response/. Acesso em: 3 maio 2021.

8   PHILLIPS, K. W.; NORTHCRAFT, G. B.; NEALE, M. A. Surface-level diversity and decision making in groups: when does deep-level similarity help? *Group Processes & Intergroup Relations*, v. 9, n. 4, p. 467-482, 2006.